법정스님의
무소유 이야기

초판 1쇄 인쇄 | 2020년 7월 23일
초판 1쇄 발행 | 2020년 7월 30일

지은이 | 조영경
그린이 | 최주아
펴낸이 | 박영욱
펴낸곳 | 깊은나무

편   집 | 이상모
마케팅 | 최석진
디자인 | 서정희·민영선

주   소 | 서울시 마포구 월드컵로 14길 62 북오션빌딩
이메일 | bookocean@naver.com
네이버포스트 | post.naver.com/bookocean
페이스북 | facebook.com/bookocean.book
인스타그램 | instagram.com/bookocean777
전   화 | 02-325-9172
팩   스 | 02-3143-3964

출판신고번호 | 제 2013-000006호

ISBN 978-89-98822-69-9 (73810)

이 도서의 국립중앙도서관 출판예정도서목록(CIP)은 서지정보유통지원시스템
홈페이지(http://seoji.nl.go.kr)와 국가자료공동목록시스템
(http://www.nl.go.kr/kolisnet)에서 이용하실 수 있습니다.
(CIP제어번호: CIP2020027405)

*이 책은 깊은나무가 저작권자와의 계약에 따라 발행한 것이므로 내용의 일부 또는 전부를
 이용하려면 반드시 깊은나무의 서면 동의를 받아야 합니다.
*책값은 뒤표지에 있습니다.
*잘못 만들어진 책은 구입하신 서점에서 교환해 드립니다.

법정스님의 무소유 이야기

조영경 지음 | 최주아 그림

깊은나무

머리말

　　　　　　어려서부터 책을 많이 읽고 생각이 깊었던 섬 소년은 청년이 되어 자신을 찾는 여행을 떠났어요. 그리고 '법의 정수리에 서라'는 뜻으로 '법정'이라는 법명을 받았지요.

　법정스님은 무소유의 의미를 깨닫고 평생 무소유라는 원칙을 지키며 살았어요. 무소유란 아무것도 갖지 않는 것이 아니에요. 꼭 필요한 것을 적게 가지고, 집착하지 않는 것이지요. 필요한 것만 갖는 것이 뭐 어렵겠나 싶지만, 보통 하나를 가지면 또 하나를 욕심내기 마련이에요. 그러한 욕심은 우리의 마음을 아프게 하고 화나게 하지요. 욕심을 버리면 마음이 편하다는 것을 알고 있지만 마음가짐을 행동으로 옮기는 것은 쉽지 않답니다.

　무소유를 실천한 법정스님은 자연을 사랑하고 이웃과 나눔

을 즐겨했어요. 그리고 모든 사람은 향기로운 마음을 가지고 있다고 생각했고 그 마음이 널리 퍼지기를 기도했지요. 그 기도에 불교든 아니든 종교의 구분은 없었어요. 그래서 법정스님은 성당에 가서 설법을 하기도 하고, 천주교에서 발행하는 평화신문에 성탄메시지를 쓰기도 했어요. 종교와 종교 사이의 벽을 없앤 덕분에 길상사에는 성모 마리아를 닮은 특별한 관세음보살상이 있답니다.

 세상에 향기로운 메아리를 울린 법정스님이 입적한 지 10년이 지났어요. 여전히 많은 사람들이 법정스님의 삶과 가르침에 많은 감동을 받고 있어요. 끊임없이 사람들 마음에 울림을 주는 법정스님은 어떤 삶을 살았을까요? 전라남도 섬마을에서 강원도 오두막까지 법정스님의 자취를 따라가 볼까요.

차례

머리말　4

1장　**등대지기를 꿈꾸던 섬 소년**　8

2장　**부처님의 뜻을 따르다**　38

3장　**무소유와 나눔으로**　62

4장　**오두막에서 맑고 향기롭게**　82

5장　**길상사와 화중연생**　112

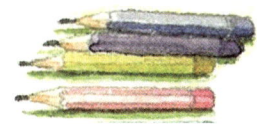

1장

등대지기를 꿈꾸던 섬 소년
법정

아직 해도 뜨지 않은 이른 새벽이었어요. 할머니는 조심스러운 손길로 방 윗목에 짚을 깔았어요. 그리고 그 위에 정화수와 음식이 놓인 상을 차렸지요. 반듯한 상이 차려지자 할머니는 머리부터 옷매무새까지 정갈하게 매만졌어요. 그리고 정성을 다해 두 손을 비비며 기도했어요.

"우리 박재철이, 남의 눈에는 잎이 되고 꽃이 되어 오래오래 살고…… 더욱 영특하고 총명하고…… 비나이다, 비나이다."

재철이는 그 모습을 조용히 지켜보았어요. 할머니가 어찌나 정성을 다해 기도를 하는지 말을 붙일 수도 없을 정도였지요.

기도를 마친 할머니가 재철이를 보고 환하게 웃었어요.

"우리 장손 일어났냐?"

"할머니, 또 새벽부터 기도하시는 거예요? 힘드시게."

"힘들기는 뭐가 힘들어. 게다가 오늘이 보통 날이냐. 네 생일이잖니."

할머니는 재철이 생일이면 늘 정화수를 떠 놓고 축원(신과 같은 존재에게 자기의 뜻을 아뢰고 그것이 이루어지기를 비는 일)을 했어요.

재철이는 주로 할머니 손에서 자랐어요. 재철이가 네 살 때 아버지가 폐암으로 세상을 떠났거든요. 할머니는 어렸을 때 아버지를 잃은 재철이가 늘 안쓰러웠어요. 그래서 항상 재철이 편에서 힘이 되어주었지요.

재철이도 할머니를 잘 따랐어요. 잘 때도 꼭 할머니랑 같이 잤어요. 무엇보다 매일 저녁 들려주는 할머니의 옛이야기가 아주 재미있었어요. 가끔 무서운 이야기를 듣는 날에는 이불을 머리 위까지 푹 뒤집어썼어요. 그런데 무서운 이야기를 들으면 왜 이렇게 화장실에 가고 싶을까요. 그것도 꼭 한밤중에요.

"할머니. 나 오줌……."

재철이가 어깨를 잔뜩 움츠리고 말하면 할머니는 군소리 없이 화장실까지 따라왔어요. 옛날에는 화장실이 마당에 있는 집이 많았거든요.

할머니가 재철이에게 사랑을 듬뿍 주시는 만큼 재철이도 할머니를 위해서는 못할 일이 없었어요. 한 번은 할머니가 피우는 담배를 사려고 10리가 넘는 시골길을 다녀오기도 했어요.

"어째 그 먼 곳을 다녀온다고 하냐. 할미는 담배 없어도 돼."

"할머니는 꼭 그 담배여야 하잖아. 내가 다녀올게요."

10리는 4킬로미터나 돼요. 그래도 재철이는 할머니를 위한 일이라면 하나도 힘들지 않았어요.

재철이는 전라남도 해남의 섬마을에서 태어나고 자랐어요. 푸른 산도 있고 그보다 넓은 바다가 넓게 펼쳐진 곳이지요. 해 질 무렵에 돛단배가 포구로 돌아올 때면 푸른 바다와 노을 진

하늘이 아름답게 어우러지는 곳이에요. 아름다운 섬마을에서 재철이는 산으로 바다로 뛰어다녔어요. 특히 바다를 끼고 살았으니 여느 섬 소년들처럼 수영을 곧잘 했지요.

어느 날, 재철이는 바다에서 수영을 하고 있었어요. 그런데 순간 물살에 휩쓸리고 말았어요.

"어, 어?"

평소에 익숙하게 놀던 바다인데도 물살에 휩쓸리니까 제 몸 가누기가 버거웠어요.

"사, 살려…… 어푸, 사람 살…….."

물살에서 빠져나오려 애썼지만 그러면 그럴수록 바다는 자꾸만 재철이를 끌어들였어요.

"아니, 저기 누가 빠진 거 아냐?"

다행히 재철이가 허우적대는 것을 보고 동네 사람이 급히 바다로 뛰어들었어요. 그리고 어렵사리 물에서 건져냈지요.

"재철이잖아?"

"재철아, 정신 차려!"

사람들이 흔들어 깨웠지만 재철이는 온몸을 축 늘어뜨린 채

꼼짝도 안 했어요.

"얘가 왜이래. 재철아, 재철아!"

아무리 해도 재철이가 정신을 차리지 않자 사람들은 발을 동동 굴렀어요.

"이거 큰일 치르는 거 아냐?"

"아이고, 이 일을 어째. 숨을 안 쉬네."

재철이가 정신을 차리지 못하자 사람들은 하는 수 없이 거적을 덮었어요.

"박 씨네 장손인데……."

"그러게. 아이고 어째. 할머니가 그렇게 정성을 다했는데."

그때였어요.

"컥!"

갑자기 막혔던 기도가 뚫렸는지 재철이가 숨을 쉬기 시작했어요.

"엄마야! 얘가 이제 숨을 쉬네."

"아이고, 하늘이 도왔네. 할머니 정성이 재철이를 살렸어."

"다행이네, 다행이야."

산과 바다에서 뛰노는 것도 좋아했지만 재철이가 정말 좋아하는 것은 책이에요. 손에서 책이 떨어진 적이 없었어요. 어쩌다 용돈이 생기면 꼭 책을 살 정도였어요.

"재철아, 벌써 일어났냐? 촛불은 왜 켰어?"

"네, 할머니. 어제 읽던 책이 정말 재미있어서요. 얼른 읽고 싶어서 눈이 일찍 떠졌어요."

"아이고, 기특해라. 그래도 해나 뜨면 읽지. 촛불에 눈 버릴라."

할머니는 재철이가 대견했어요.

'저렇게 똑똑하고 생각도 깊으니 이 다음에 큰일을 할 거야. 재철아, 걱정마라. 네가 누구한테도 뒤지지 않는 훌륭한 사람이 되도록 이 할미가 다 해줄게.'

할머니는 재철이에게 사랑을 듬뿍 쏟았어요. 할머니의 사랑 덕분인지 재철이 역시 책을 좋아하고 생각이 깊은 똑똑한 아이로 잘 자랐어요.

그런데 재철이는 늘 마음 한구석이 허전했어요. 그럴 때면 바다 멀리 보이는 등대가 눈에 들어왔어요.

'저 곳에 살면 어떨까. 등대지기가 되어 혼자 살면 자유로워질까?'

재철이는 마음이 답답하면 바닷가로 나와 깊은 생각에 잠겼어요. 그리고 새로운 세계로 나갈 방법을 생각했지요.

'바다 건너 먼 곳으로 갈 수 있을까. 만약 등대지기가 된다면 이 섬에서 떠날 수 있을까? 그렇게 혼자 살면 마음이 조금 편해질까?'

바다를 바라보던 재철이는 남몰래 등대지기의 꿈을 키웠어요.

초등학교 5학년이 되었을 때, 담임선생님이 새로 왔어요. 재철이가 살고 있는 마을보다 훨씬 큰 도시인 목포에서 왔지요.

일제 강점기였던 당시에 새로 온 남자 선생님은 겉모습이 마치 일본 사람 같았어요. 분명히 조선 사람인데 다른 선생님들과 달리 일본 사람처럼 가운데 가르마를 타고 검은색 양복을 입고 다녔어요. 그리고 일본말만 했어요. 선생님은 아이들에게도 일본말만 하라고 했어요.

"이제 앞으로 일본말만 한다. 조선말을 하는 녀석들은 가만히 두지 않겠어. 급장(반장)! 조선말을 하는 학생들은 이름을 적어 오도록!"

그 말을 듣고 재철이는 고개를 갸웃거렸어요.

'일본 사람도 아닌데 왜 일본어를 해? 나는 조선 사람인데.'

재철이는 새로운 담임선생님이 마음에 들지 않았어요. 어색한 옷차림도 머리 모양새도 다 눈에 거슬렸어요.

"조선 사람이 왜 일본 사람 흉내를 낸담?"

그런데 재철이가 중얼거리는 말을 선생님이 듣고 말았어요.

"너! 지금 뭐라고 했어? 뭐라고 했냐고!"

선생님은 벼락같이 화를 냈어요.

"조선 사람이 왜 일본말을……."

하지만 재철이의 대답이 끝나기도 전에 선생님은 재철이의 뺨을 힘껏 때렸어요.

"이 녀석이 지금 뭐라는 거야! 내가 일본말만 쓰라고 했지!"

선생님은 재철이의 뺨을 계속해서 사정없이 때렸어요. 얼마나 맞았는지 재철이의 볼이 빨갛게 달아오르고 코에서는 코피가 터지기까지 했어요. 그래도 선생님은 매를 멈추지 않았어요. 재철이 역시 묵묵하게 선생님의 매를 맞았어요. 어찌나 서슬이 퍼런지 같은 반 아이들은 잔뜩 겁에 질려 벌벌 떨고만 있었어요. 결국 옆 반에서 선생님이 달려와 담임선생님을 말렸어요.

그제야 담임선생님이 무서워서 꼼짝도 못했던 아이들이 재철이에게 다가왔어요.

"재철아, 어떻게 해. 피 난다."

"그냥 잘못했다고 하지, 왜 맞고 있어."

걱정하는 아이들의 틈을 비집고 급장이 재철이의 손을 낚아챘어요.

"야, 박재철. 얼른 가서 씻자."

급장은 재철이를 데리고 우물가로 갔어요. 그리고 얼룩과 옷에 묻은 피를 닦았어요.

"재철아, 잘못했다고 흉내라도 내. 왜 바보같이 맞고만 있어."

"싫어! 마음에도 없는 소리를 뭣 하러 해? 나도 속이고 선생님도 속이고. 나는 그러고 싶지 않다."

결국 재철이는 선생님께 용서를 빌지 않았어요. 다만 수업에 집중하지 못하고 멍하니 혼자 생각하는 시간이 더 늘어났지요.

재철이가 초등학교를 졸업할 때가 되었어요.

"재철이는 목포에 있는 중학교로 보낼 거다."

할머니는 재철이의 작은아버지에게 말했어요. 작은아버지는 동네 유지(마을이나 지역에서 명망 있고 영향력을 가진 사람)였어요. 재철이네 섬을 오가는 배를 일곱 척이나 가지고 있었지요. 할머니는 재철이가 마음껏 공부할 수 있도록 작은아버지가 반드시 도와주어야 한다고 생각했어요.

"재철이처럼 똑똑한 애는 공부를 시켜야 해. 우리 집 장손이고, 우리 집을 이끌어갈 훌륭한 사람이 되려면 마땅히 큰 도시에서 학교를 다녀야 한다."

할머니는 재철이에게 거는 기대가 컸어요.

당시는 형편이 넉넉하지 않아서 중학교에 진학하는 친구들도 별로 없었어요. 어쩌다 읍내에 있는 중학교로 진학하는 친구는 있었지만 재철이처럼 큰 도시로 유학을 가는 친구는 없었지요.

목포로 떠나는 배 안에서 재철이는 등대지기가 되겠다는 꿈을 버렸어요. 등대지기가 아니더라도 섬을 떠날 수 있는 길이 생겼기 때문이에요.

재철이가 중학교 1학년 때였어요. 수업을 마치고 친구들과 함께 교문을 빠져나오는데, 친구 가운데 한 명이 개구지게 웃으며 말했어요.

"재철아, 너도 엿 먹으러 갈래?"

"엿? 나는 돈이 없는데."

재철이가 말하자 친구들이 킥킥거리며 말했어요.

"돈 없어도 돼. 아니, 이 돈으로 우리 모두 실컷 먹을 수 있어."

"그런 게 어디 있어?"

재철이는 말도 안 된다는 듯이 말했어요. 하지만 친구들은 무작정 재철이의 팔을 잡아당겼어요.

교문 밖에는 노점상이 있어요. 노점상에서 학용품도 팔고 먹을 것도 팔았어요. 그 가운데에는 엿도 있었지요. 재철이를 비롯해 대여섯 명이나 되는 아이들이 우르르 엿장수에게 몰려갔어요.

"아저씨, 나 엿 좀 줘요."

한 아이가 돈을 내밀자 엿장수는 신이 난 듯 가위를 째깍째깍거렸어요.

"어, 어서, 어서 와. 어, 얼마, 얼마나, 주, 줄까?"

엿장수는 말도 더듬고 조금은 어수룩해 보였어요. 그리고 팔 하나가 없었지요.

"음, 이만큼이요. 아닌가, 이 정도인가?"

아이는 엿을 들었다 놨다 하며 엿장수의 혼을 쏙 빼놨어요.

그러는 사이 다른 아이들은 슬쩍 엿을 빼돌렸어요. 아이들의 장난으로 재철이도 엿을 얻어먹을 수 있었지요.

이튿날, 재철이는 하교하는 길에 엿장수를 또 보았어요. 그런데 순간 가슴이 뜨끔했어요. 그날 따라 유독 엿장수의 소매가 펄럭이는 게 눈이 들어왔지요.

'아, 내가 무슨 짓을 한 거야. 저렇게 열심히 사는 사람에게 장난을 치다니.'

그 후로 재철이는 엿장수가 있는 쪽으로는 가지도 못했어요. 중학교를 졸업할 때까지 먼 길로 돌아갔지요. 고등학교에 입학해서도 그 길을 다니지 못했어요. 대학생이 되어 어쩌다 엿장수가 있던 자리를 지날 때도 멀리 돌아갔어요. 그리고 어른이 되어서도 이 일을 두고두고 후회했어요.

"다른 사람의 약점이나 부족한 점을 이용해서 사람을 속이고 이득을 얻다니. 내가 아주 큰 잘못을 한 거야."

그 후로 법정스님은 다른 사람에게 배신을 당하거나 누군가 못된 모함을 할 때면 엿장수를 떠올렸어요. 그리고 그때 저지른 잘못 때문에 벌을 받았다고 생각했어요.

재철이가 살던 곳에는 절이 없었어요. 그저 할머니가 정화수를 떠 놓고 기도하는 걸 보고 자란 것이 다예요. 그런데 중학교에 가면서 불교에 대해 알게 되었어요. 재철이가 다니는 중학교와 고등학교 근처에 포교당(종교를 널리 전파하는 일을 맡아보는 곳)이 있었거든요. 스님도 자주 뵙고 중학교 2학년 때 수학여행도 진도에 있는 사찰인 쌍계사로 갔어요.

당시는 해방되고 얼마 지나지 않은 때라 다들 형편이 넉넉하지 않았어요. 그래서 수학여행을 가는 친구들이 많지 않았지요. 수학여행이라고 하지만 담임선생님과 친구 여남은 명이 떠난 여행이었어요.

"우와, 멋있다."

"저기 좀 봐. 저기에 부처님이 계신가 봐."

쌍계산 주변에 단풍이 곱게 물들었어요. 이토록 아름다운 곳에서, 그것도 친구들하고 하룻밤을 묵는다는 것만으로도 가슴이 설렜지요. 절에서는 제법 큰 방이라고 하지만 학생들이 모두 눕기에는 넉넉하지 않았어요. 선생님은 학생들에게 주의를 주었지요.

"이곳은 스님들이 수행하는 곳이야. 여느 숙소하고는 다르니 다들 조용히 해야 한다."

하지만 친구들과 함께 지내는 밤을 어떻게 조용히 보낼 수 있겠어요. 좁아도 서로 장난치다가 새벽녘이 되어서야 겨우 잠이 들었지요.

이튿날 자욱한 안개를 헤치며 절을 내려오다가 재철이는 갑자기 울컥했어요. 그리고 자신도 모르게 눈물을 흘렸어요.

'왜 이렇게 눈물이 나지? 하룻밤 자고 무슨 정이 들었다고.'

재철이는 친구들 몰래 눈물을 훔쳤어요. 마치 정든 고향집을 떠나가는 마음이었어요.

집으로 돌아오는 길 내내 재철이 마음에서 쌍계사가 떠나지 않았어요.

'그 절하고 내가 무슨 인연이 있는 걸까. 혹시 전생에 그곳에서 살았던 것은 아닐까.'

그 후에도 재철이는 줄곧 사찰을 찾았어요. 고등학교와 대학에 진학해서도 여러 사찰을 여행했지요.

재철이가 대학 생활을 시작하고 얼마 지나지 않아 한국 전쟁이 일어났어요. 순식간에 재철이가 사는 곳도 전쟁터가 되고 말았지요. 전쟁은 모든 것을 뒤죽박죽으로 만들었어요. 어느 날은 인민군이 마을에 쳐들어와 사람들을 못살게 굴었어요.

"거기는 어디 편이오! 국군이요, 인민군이요?"

인민군은 다짜고짜 사람들을 붙들고 물었어요. 만약 국군 편이라고 대답하면 큰일이 났지요. 그러다 어느 날은 우리나라 경찰이 들어왔어요. 그리고 인민군을 도와준 사람들을 마구 잡아갔어요. 바닷가 공터에서 매일같이 한두 명씩 죽어나갔어요. 하루가 멀게 푸른 바다가 핏빛으로 물들었지요. 그러다 보니 인민군 편이라고 해야 할지 경찰 편이라고 해야 할지 헷갈렸어요. 누구 편이든 목숨을 지키는 데 더 급급했어요.

재철이 할머니는 재철이가 걱정되었어요. 혹시라도 인민군이든 경찰이든 손자를 데려갈까 봐 두려웠지요.

"재철아, 이게 무슨 일이냐. 동네 젊은이들 씨가 마르겠다. 전쟁 통에 귀한 자식들만 목숨을 잃는구나."

할머니는 안 되겠다는 듯이 재철이를 방으로 끌고 들어갔어요.

"여기서 꼼짝 말고 있어. 죽은 듯이 꼼짝 말고 가만히 있어야 한다. 밥도 할미가 가져다 줄 테니까 여기서 먹어. 알았지?"

할머니는 몇 번이고 신신당부를 했어요. 재철이는 마음이 내키지 않았지만 불안해하는 할머니를 위해 억지로 고개를 끄덕였어요.

재철은 방 안이 감옥인 듯했어요. 마을 사람들이, 친구들이 목숨을 잃어 가는데 자기 혼자 살겠다고 숨어 있는 것이 큰 죄를 짓는 것 같았지요.

'언젠가 고향을 떠나겠다고 결심했는데 오히려 더 갇히게 되었구나.'

재철이는 스스로가 너무 초라하게 느껴졌어요.

악몽 같은 전쟁이 끝났지만 사람들은 여전히 혼란스러웠어요. 무엇보다 민주주의네 공산주의네 하며 왜 같은 동포끼리 싸워야 하는지 이해가 되지 않았지요. 재철이 역시 마찬가지였어요. 마음이 답답하면 책을 읽고, 넓게 펼쳐진 바닷가로 나갔어요. 하지만 답답함과 끝없는 물음이 머릿속에서 떠나지 않았지요.

게다가 학비를 대주는 작은아버지의 형편도 예전 같지 않았어요. 섬과 섬 사이에 다리가 놓이고 도로가 뚫리면서 배를 이용하는 손님이 줄었기 때문이에요. 그러다 보니 재철이가 중학교 2학년이 되었을 즈음부터 학교에 낼 납부금이 밀리는 일이 늘어났지요. 그럴 때면 할머니는 작은아버지를 찾아갔어요.

"왜 재철이 납부금을 안 주는 것이야?"

"요즘 형편이 좀 그래요. 조금만 기다려 주세요."

"저 어린 것이 돈 때문에 마음이 졸이면 쓰겠어!"

재철이는 할머니가 작은아버지를 재촉할 때면 마음이 아팠어요. 물론 재철이도 방학 때면 작은아버지의 일을 돕고, 틈틈이 아르바이트를 했어요. 그래도 형편은 크게 나아지지 않았어요. 어렵사리 대학에 진학했지만 몸과 마음은 점점 지쳐만 갔어요.

'이렇게 힘들게 공부를 계속해야 할까? 그러면 뭐가 달라질까.'

결국 대학교 3학년을 앞두고 재철이는 휴학하기로 결심했어요. 함께 공부하고 여행을 다니던 친구들은 깜짝 놀랐어요.

"재철아, 갑자기 휴학이라니. 왜 그래, 무슨 일 있는 거야?"

"지금 내 형편에 공부는 사치야. 작은아버지께도 죄송하고……."

"등록금 때문에 그런 거야? 그런 거면 우리가 어떻게든 도와줄게."

친구들은 조금씩 돈을 모았어요. 그리고 재철이가 학교를 계속 다닐 수 있게 등록금을 대신 내 주었지요.

하지만 2학기가 되자 더는 학교에서 재철이를 만날 수 없었어요. 휴학을 하고 말았거든요.

"마음으로 방황하던 것을 결정하니 오히려 속 시원하네. 그래도 손 놓고 있을 수 없으니 무슨 일이라도 하자."

재철이는 휴학한 대신 절에서 여러 가지 일을 거들었어요. 매일같이 절에서 지내면서 재철이는 지난 여름방학 때 흑산도에서 만난 두 스님을 떠올렸어요.

섬마을 생활 모습도 조사할 겸 재철이는 친구들과 함께 다른 섬에 있는 친구네 집을 방문하기로 했어요. 우연히 배에서 어떤 스님 두 분을 만났는데, 반갑게도 친구네에서도 이 스님들을 또 만났어요. 스님들은 집집마다 시주(자비심으로 조건 없이 절이나 승려에게 물건을 베풀어 주는 일)를 받으러 다니던 참이었지요. 재철이는 두 스님을 다시 만나자 왠지 반가웠어요.

어쩌다 보니 스님 두 분과 재철이 그리고 친구들이 함께 식사를 하게 되었어요. 재철이는 밥을 먹으면서도 스님을 슬쩍슬쩍 보았어요.

"이것 좀 드셔 보세요."

친구 어머니가 반찬을 권했지만 스님은 물렸어요.

"괜찮습니다."

스님은 고기나 생선을 먹지 않아요. 그래서 상에 있는 고깃국이나 생선 조림에는 젓가락도 대지 않았지요.

"아이고, 내 정신 좀 보게나. 스님께 큰 실수를 했네요. 그러면 김치라도……."

하지만 스님들은 김치도 손대지 않았어요. 김치에는 젓갈이 들어가기 때문이에요.

친구들은 고기와 생선 반찬을 게걸스럽게 먹었어요. 그에 비해 스님은 깨소금과 간장만으로 정갈하게 식사를 했지요.

재철이는 친구들과 스님을 번갈아 보면서 속으로 중얼거렸어요.

'어휴, 다들 며칠 굶은 것처럼 왜 저렇게 먹는 거야. 내가 스님 보기가 창피하네.'

친구네 집에서 돌아오는 길에 재철이는 두 스님과 함께 배를 탔어요. 스님들은 범어사에서 온 분들이었어요. 재철이는 사찰 생활이며 이것저것 궁금한 것을 물었어요.

"두 분이 늘 함께 다니십니까?"

"네. 둘이 성불할 때까지 서로 좋은 도반(함께 도를 닦는 벗)이 되어 수행하기로 약속했지요."

스님들과 이런저런 이야기를 하면서 재철이는 마음이 편안해지는 것을 느꼈어요.

'스님은 늘 절에서 지내서 외롭겠다 생각했는데 좋은 도반을 만나면 그렇지 않겠구나. 친구 사이라도 의리를 저버리는 세상 사람과 달리 깨달음의 길을 함께 걷는 도반은 역시 다르구나.'

스님들과 헤어져 집으로 왔지만 재철이는 스님들을 잊을 수 없었어요. 그리고 '나도 스님이 되고 싶다'는 생각을 했지요. 집안 형편이며 앞으로 어떤 삶을 살아야 하나를 생각하면 할수록 더더욱 스님들의 모습이 머리에서 떠나지 않았어요.

싸락눈이 내리는 차가운 날이었어요. 재철이는 가방에 치약과 칫솔, 갈아입을 간단한 옷과 평소에 읽던 책 몇 권을 넣었어요. 그리고 아무렇지도 않게 집을 나섰지요.

"어머니, 친구네 좀 다녀올게요."

"갑자기? 눈도 오는데 다른 날 가지 그러니."

어머니는 왠지 불안한 마음에 재철이를 말렸어요. 하지만 재철이는 단호하게 말했어요.

"약속했어요. 다녀오겠습니다."

재철이는 뒤도 돌아보지 않고 걸었어요.

"할머니가 걱정하실 거야. 할머니 오시기 전에는 와야 한다."

어머니가 재철이에게 말했어요. 하지만 재철이는 모르는 척했어요. 한참을 걷다 마음이 쓰여 뒤돌아보니, 어머니가 그대로 서 있었어요. 머리에 싸락눈이 드문드문 쌓이는 동안 어머니는 꼼짝 않고 재철이를 바라보고 있었지요. 그 모습을 보고 마음이 흔들렸지만 재철이는 다시 발걸음을 재촉했어요.

재철이가 서둘러 도착한 곳은 친구네가 아닌 선착장이었어요. 재철이는 목포로 가는 배표를 샀어요.

'벗어나자. 목포로 가서 기차를 타고 서울로 가자. 더 먼 곳으로 가자.'

목포 기차역에 왔을 때는 눈발이 제법 굵어졌어요. 철길에도 눈이 내려앉고 있었지요.

재철이는 며칠 동안 잠을 제대로 자지 못했어요. 밥도 먹는 둥 마는 둥 하며 괴로운 마음만 붙들고 있었지요. 그러다가 마음속 질문에 대한 답을 찾으려면 스님이 되어야 한다고 결심했어요. 하지만 기차에 오르는 마지막까지 재철이는 할머니와 어머님 생각에 마음이 무거워졌어요. 이만큼 잘 키워주시고 어려운 형편에 대학까지 보내주셨는데, 모든 것을 버리고 출가하는 것이니까요.

복잡한 재철이의 마음과 달리 기차는 서울을 향해 시원하게 달리기 시작했어요. 고향에서 멀어지고 서울에 가까워질수록 재철이는 지금까지 살아온 세월을 한 꺼풀 한 꺼풀 벗어 던지는 느낌이었어요. 속세(불교에서 일반 사회를 이르는 말)의 모든 것을 버리고, 복잡한 마음속의 괴로움도 벗어던지고 자유롭고 싶은 마음뿐이었어요.

'나는 누구인가에 대한 답을 찾기 전에는 돌아오지 않겠다.'

재철이는 마음속으로 다짐을 하고 또 다짐을 했어요.

"출가하려 합니다."

서울에 도착한 재철이는 대각사라는 절을 찾아갔어요. 그곳에서 하루 머물다가 강원도에 있는 월정사로 가려고 했지요. 어떻게든 고향인 해남과 가장 멀리 떨어진 곳으로 가고 싶었어요. 마침 대각사에는 월정사 스님이 와 계셨어요. 재철이는 반가워서 스님에게 말했어요.

"스님, 저도 월정사로 가려고 했어요. 저를 데려가 주세요."

"이곳에서 반가운 인연을 만났네요. 그런데 어쩌죠? 눈이 많이 와서 며칠 동안 월정사는 갈 수 없습니다."

월정사 스님의 말에 재철이의 어깨가 축 쳐졌어요. 그렇게 고민하고 부모님 몰래 기차를 타고 왔는데 벌써부터 길이 막힌 듯 했어요.

"마침 안국동 선학원에 큰스님이 계신데 거기로 한번 가 보세요."

월정사 스님은 재철이에게 길을 알려주었어요. 재철이는 단걸음에 선학원에 도착했지요.

잠시 스님을 기다리는 동안 재철이의 마음은 편안했어요. 다른 도시에, 그것도 여느 집과는 다른 곳에 앉아 있는데도 마치 예전부터 잘 알던 집에 다시 온 듯한 느낌이었지요. 그때 법당 문이 열리고 스님 한 분이 미소를 지으며 천천히 걸어 나왔어요. 효봉스님이었어요. 효봉스님을 마주한 순간 재철이는 숨이 턱 막히는 것 같았어요. 커다란 산을 만난 것 같기도 했고 깊고 넓은 바다를 마주한 것 같기도 했거든요. 잠시 정신을 놓고 있던 재철이는 얼른 마음을 가다듬었어요. 그리고 효봉스님에게 절을 올리고 또박또박 말했어요.

"출가하려고 합니다."

효봉스님은 재철이를 물끄러미 바라보더니 물었어요.

"생년월일이 어떻게 되는가?"

"1932년 10월 8일입니다."

효봉스님은 잠시 무언가 생각하더니 말했어요.

"스님이 될 운명을 가지고 태어났구나."

효봉스님은 별 다른 말 없이 재철이의 뜻을 받아들였어요. 재철이는 바로 옆방에서 삭발을 했어요. 삭발은 스님들이 출가를 할 때 세상과의 인연을 끊는 의식이에요. 머리카락이 한 줌 한 줌 떨어질 때마다 재철이는 속으로 중얼거렸어요.

'이 머리카락처럼 속세의 인연과 속세의 모든 번뇌도 떨쳤으면.'

삭발을 마친 재철이는 먹물 옷으로 갈아입었어요. 처음 입어 보는 옷인데도 전혀 어색하지 않았어요. 오히려 어깨가 가벼워지고 기분까지 편안해졌어요. 재철이는 다시 효봉스님 앞에 섰어요. 그런데 효봉스님은 삭발을 한 재철이를 보고 고개를 갸웃거렸어요. 그러자 옆에 있던 스님이 말했어요.

"스님, 좀 전에 왔던 청년이 삭발하고 옷을 갈아입었습니다."

그러자 효봉스님은 웃음을 터뜨렸어요.

"허허, 이제 막 출가한 것 같지 않구나. 아주 오래된 중 같아."

효봉스님은 재철이에게 법명을 지어주었어요.

"이제부터 너를 법 법(法)에 정수리 정(頂), 법정이라 부르겠다. 법의 정수리에 서야 한다."

"고맙습니다. 고맙습니다, 스님."

재철이는 법명을 지어준 효봉스님에게 삼배(절을 거듭 세 번 함)를 하고 나왔어요. 반드시 가난하고 외로운 사람을 위한 불자가 되겠다고 결심했지요.

법명을 받는 순간 속세와의 인연은 모두 버려요. '박재철'이라는 이름도, 스물네 살이라는 나이도 모두 사라지고 '법정'으로 다시 태어나는 것이지요. 어린 시절 산과 바다를 뛰어 돌아다니던 기억도, 섬을 돌아다니고 사찰을 여행했던 친구들과의 기억도 이제 먼 곳의 일이에요. '박재철'이 아닌 법정으로 다시 태어난 순간 하늘을 날듯이 온몸과 마음이 가벼워졌어요. 그대로 있을 수 없던 재철이는 그 길로 나가 종로를 한 바퀴 돌았어요.

2장

부처님의 뜻을 따르다

법정

"통영에 있는 미래사로 가라."

효봉스님은 법정스님에게 자신이 주지로 있는 미래사에서 스님이 될 준비를 하라고 했어요. 삭발을 했다고 다 스님이 되는 것은 아니에요. 고된 행자 생활을 하고 불교 경전 공부도 하며 많은 시간을 수행해야 해요. 그런데 법정스님은 뜬금없이 거울을 가지고 가겠다고 했어요.

"거울? 저기 걸려 있는 것 말이냐? 그건 왜 가지고 가려 하느냐?"

"그냥…… 가지고 가고 싶습니다. 아니, 꼭 가지고 가렵니다."

효봉스님은 거울이 왜 필요한지 이해가 되지 않았어요. 하지만 법정스님의 뜻이 완강해서 더 이상 묻지 않았어요.

거울은 아주 오랫동안 법정스님과 함께 했어요. 법정스님은 거울 뒷면에 아주 특별한 날을 기록했어요.

처음 삭발한 날

그리고 몇 년도 몇 월 며칠인지도 정확하게 써 두었지요. 법정스님은 행여 마음이 흐트러질 때면 처음 삭발한 자신의 모습을 비춘 거울을 보았어요. 그리고 마음을 다잡았지요.

미래사로 내려온 법정스님은 행자 생활을 시작했어요. 미래사에서 법정스님은 아궁이에 불을 지피는 일을 맡았어요.

"아궁이에 지필 나무는 네가 해 오면 된다. 산에 가면 죽은 나무들이 있을 거야. 그것들을 지게에 짊어지고 오너라."

효봉스님은 지게를 짊어진 법정스님에게 말했어요.

"행자 생활은 속세의 묵은 때를 씻는 것이니라. 부지런히 움직여야 절집의 습관을 몸에 익힐 수 있을 거야."

법정스님은 지게를 한 번도 짊어본 적이 없어서 어색했어요. 지게만 낯선 것이 아니었어요. 스님이 머무는 곳은 천장이 낮아 키가 큰 법정스님은 머리를 부딪치기 일쑤였어요. 또 해도 뜨지 않은 이른 새벽에 일어나 예불을 드리고, 식사도 지금까지와 다르게 공양(절에서 음식을 먹는 일)했어요. 서툰 지게를 메고 하루에도 몇 번씩 산을 오르내리고 따로 불교 공부도 해야 했지요. 그렇게 정신없이 하루를 보내고 나면 온몸이 젖은 솜처럼 무거웠어요. 자려고 누우려던 법정스님은 나무 베개를 보고 슬쩍 웃음이 났어요.

'첫날에는 이 딱딱한 목침이 배겨 불편했는데 이제는 그것을 느낄 새도 없네. 늘 꿀잠이야.'

그렇게 미래사에서 행자 생활을 시작한 법정스님은 부처의 가르침을 받드는 사람이 지켜야 할 계율을 받고 스님이 되었어요. 그리고 여러 사찰을 거치다 해인사에서 머물 때였어요.

법당스님이 법당 주위를 거니는데 한 아주머니가 장경각(대장경을 보관하는 전각) 계단을 내려왔어요. 아주머니는 법정스님을 보고 물었어요.

"저, 스님. 팔만대장경이 어디에 있어요? 팔만대장경을 보러 왔는데 통 못 찾겠네요."

팔만대장경은 국보 제32호예요. 고려 때 몽골이 침입하자 부처의 힘으로 몽골군을 물리치겠다는 일념으로 만든 대장경이지요. 법정스님은 아주머니가 방금 내려온 계단을 올려다보았어요.

"보살님께서 방금 보고 오신 것이 팔만대장경입니다."

그러자 아주머니는 고개를 갸웃거렸어요.

"저는 아무것도 못 봤는데요. 이상하네."

"장경각에서 선반에 나란히 꽂혀 있는 것을 보셨지요?"

법정스님 말에 아주머니는 고개를 끄덕였어요.

"네. 그건 봤어요. 그건 봤는데 팔만대장경은……."

"그것이 바로 팔만대장경입니다."

법정스님의 말에 아주머니는 깜짝 놀랐어요.

"어머, 그 빨래판같이 생긴 게 팔만대장경이에요?"

그런데 진짜로 깜짝 놀란 쪽은 법정스님이었어요.

'빨, 빨래판…… 이라니.'

순간 법정스님은 깨달았어요.

'아……. 아무리 뛰어난 지혜와 가르침이 있어도 제대로 알아보지 못하면 다 부질없는 것이구나. 팔만대장경이 아무리 보물이라고 해도 그 뜻을 알지 못하면 그저 빨래판에 지나지 않는구나.'

법정스님은 사람들이 부처님의 말씀을 잘 알지 못하는 게 안타까웠어요.

"어떻게 하면 사람들이 불경을 쉽게 읽을 수 있을까? 이렇게 좋은 말씀을 많은 사람들이 알았으면 좋겠는데."

법정스님은 불경 공부를 하며 많이 안타까웠어요. 그 뜻을 알았는지 1960년에는 통도사에서 불교 사전을 만드는 기회를 만나기도 했어요.

그 즈음 법정스님을 찾는 분이 계셨지요. 운허스님이었어요. 운허스님은 출가하기 전에 독립운동을 했던 분이에요.

"법정스님께서 글을 아주 잘 쓰신다고 들었습니다. 저하고 뜻있는 일 하나 해보심이 어떻겠습니까?"

운허스님은 불교의 가르침을 한국어로 옮기는 일을 했어요.

그리고 그 일을 법정스님과 함께 하고 싶었지요.

"좋습니다. 그렇지 않아도 어떻게 하면 사람들에게 부처님의 말씀을 쉽게 전할 수 있을지 고민하던 참입니다. 함께할 수만 있다면 저야 좋지요."

법정스님은 운허스님과 함께 불경을 번역했어요. 불교신자는 물론 불교 용어를 잘 모르는 사람도 부처님의 말씀을 쉽고 올바르게 이해할 수 있도록 정성을 다 했어요. 법정스님이 어떤 마음으로 애쓰고 있는지 잘 아는 듯, 해인사에 있는 팔만대장경을 우리말로 옮길 때는 주지스님이 방을 내주기도 했어요. 그렇게 법정스님은 불교 사전을 비롯해 불교 경전 등 불교와 관련된 수십여 권의 책을 쓰고 번역했어요.

그러는 동안 우리나라에도 여러 가지 사건이 일어났어요. 우리나라 첫 번째 대통령인 이승만 대통령은 대통령 임기가 끝났는데도 대통령 자리에서 내려오지 않았어요. 부정선거를 해서 계속 대통령에 당선되었지요. 참다못한 시민들이 민주주의를 요구하는 시위를 했어요. 그러자 경찰과 군대 등을 동원해 힘으로 억누르려 했어요. 이에 분노한 학생과 시민들이 1960년 4월 19일에 부정선거에 반대하는 시위를 전국적으로 벌였어요.

"선거를 다시 하라!"

"이승만은 물러가라!"

시위대를 막을 수 없게 되자 경찰들은 총을 쏘기도 했어요. 많은 사람들이 피를 흘리며 죽어갔어요. 그런데도 시위가 계속되자 결국 이승만은 대통령 자리에서 물러났어요. 이를 '4·19 혁명'이라고 해요.

4·19 혁명으로 우리나라에 민주주의가 자리 잡는 듯했어요. 하지만 이듬해 5월 16일, 군인들이 군사정변을 일으켰어요. 그리고 군인인 박정희가 대통령 선거에서 당선되었지요. 박정희 대통령과 군인들이 나라를 다스리는 군사정부는 자신들의 뜻에 반대하는 정치인들의 활동을 막았어요. 그리고 사회단체나 시위, 집회를 해산시키고 언론까지 자기 멋대로 휘둘렀어요.

"이제야 민주주의로 가는가 싶었는데."

"대통령을 몇 년 동안 하는 거야?"

사람들은 점점 정부에 대해 불만을 갖기 시작했어요. 그러자 박정희 대통령은 계엄령을 선포하고 1972년에 새로운 헌법인 유신헌법을 공포(일반 대중에게 널리 알림)했어요. 유신헌법은 대통령을 국민이 직접 뽑지 못하도록 했고 대통령의 힘을 크게 늘렸지요.

그런 가운데 법정스님은 고민이 많았어요.

"종교가 세상을 모르는 척하면 안 된다. 종교는 모든 사람을 위해 존재하는 것이야. 그런데 종교가 사회에 관심을 갖지 않는다면 무슨 소용이 있는가."

불교에는 '중도'라는 가르침이 있어요. 중도는 가운데를 말하는 것도 아니고 어느 한쪽의 입장에 서는 것도 아닌, 옳은 입장에 서는 것을 말해요. 내 편 네 편으로 나눠 싸울 때 종교인은 사회가 올바른 방향으로 가도록 도와야 한다고 법정스님은 생각했어요.

"분명히 무언가 잘못되고 있어. 이럴 때 나는 어떻게 해야 하는 걸까. 이 혼돈을 어떻게 지혜롭게 헤쳐 나가야 할까?"

결국 법정스님은 약한 사람 쪽에 서기로 했어요. 어떻게 할 것인지 정하자 더 이상 망설이지 않고 바로 행동에 나섰어요. 학생과 시민이 유신헌법을 없애고 새로운 헌법을 만들자는 서명 운동을 벌일 때 법정스님도 뜻을 함께했어요. 군사독재를 향해 쓴 소리를 내는 일도 마다하지 않았지요. 그리고 그 전부터 알고 지내던 사회운동가 함석헌 선생님이 〈씨알의 소리〉라는 잡지를 창간하자 편집위원을 맡기도 했어요. 법정스님은 글로 약한 사람들의 목소리를 알리고 정부가 잘못한 일에는 서슴없이 맞섰지요.

그러다 보니 정부가 법정스님을 감시하기 시작했어요. 법정스님이 잡지에 기고한 글을 마음대로 자르기도 하고, 어떤 글은 아예 실리지 않기도 했어요.

"스님, 이번 원고는 중요한 내용이 거의 실리지 않았네요. 그렇게 애써서 쓰셨는데 아깝습니다."

"허허, 원고만 감시하는 게 아닌 듯합니다. 오늘은 제 강연회에 낯선 분이 계시더라고요."

정부에서는 법정스님의 글은 물론 강연 내용까지 감시했어요. 심지어 법정스님이 주고받는 편지까지 먼저 뜯어볼 지경에 이르렀지요. 어떤 편지는 뜯어보고 풀칠을 잘못해서 편지지랑 봉투가 찰싹 붙어 있기도 했어요. 뿐만 아니라 누군가 선물로 보낸 차 봉지가 찢겨진 적도 있었어요.

"이 귀한 차를 다 흘렸네. 아까워서 어째."

한 번 시작된 감시는 쉽게 사라지지 않았어요.

법정스님을 감시한 지 한참이 지난 1983년, 법정스님은 산속 암자에서 머물고 있었어요. 그런데 어느 날 갑자기 낯선 사내가 법정스님이 머무는 암자까지 찾아왔어요. 한눈에 봐도 형사라는 것을 알 수 있었지요. 형사는 낯선 사람의 이름을 대더니 다짜고짜 주소를 대라고 했어요.

"그게 누군지……. 저는 잘 모르겠습니다."

법정스님은 사실대로 대답했어요.

"다 알고 왔습니다. 모르는 척하지 마세요. 그 사람 지금 어디에 있습니까?"

형사가 다그쳤지만 아무리 생각해도 모르는 사람이었지요.

법정스님이 계속 모르겠다고 하자 형사가 답답한 듯 종이를 꺼내 법정스님 앞에 내보였어요.

"아니, 이건!"

법정스님은 깜짝 놀랐어요. 형사가 꺼낸 종이는 며칠 전에 받은 편지를 복사한 거였어요. 형사가 말한 이름은 바로 그 편지를 보낸 사람이었어요. 수많은 편지 가운데 한 통을 법정스님이 기억할 수 없었지요. 불쑥 찾아온 형사는 다행히 그냥 돌아갔어요.

군사정부의 독재가 계속되자 시민들의 반발도 강해졌어요. 그러자 정부에서는 일부 사람들이 '인민혁명당'을 만들어 나라를 어지럽힌다고 주장했어요.

"인민혁명당, 즉 인혁당은 정부에 반대하는 이들로 북한의 지령을 받은 지하조직이다. 이들이 학생 시위 등 많은 사람들을 조종하여 정부를 위협하고 있다. 사회를 어지럽히는 이들에게 유죄를 판결한다."

정부는 인혁당과 관련이 있다고 지목한 여덟 명에게 사형선고를 내렸어요. 그리고 판결을 내린 이튿날 바로 사형을 집행했지요. 바로 1974년에 일어난 '인혁당 사건'이에요.

법정스님은 인혁당 사건으로 큰 충격을 받았어요.

"어떻게 이럴 수가 있는가. 죄 없는 사람들의 목숨을 빼앗다니!"

법정스님은 속에서 끓어오르는 분노를 느꼈어요. 분노는 증오가 되어 더욱 법정스님을 괴롭혔어요. 이 증오를 어떻게 풀어야 할지 몹시 괴로웠지요. 그러다 문득 이런 생각이 들었어요.

"이렇게 마음에 독을 품는 것은 수행하는 데 아무런 도움이 되지 않아. 나는 중이다. 수행자가 증오와 분노의 마음을 갖는 것도 옳지 않아. 내가 지금 할 수 있는 일이 무엇일까."

법정스님은 또다시 번뇌에 싸였어요.

"글재주나 부리고 여기 저기 쓴 소리나 해대다가는 중노릇을 못하지."

법정스님은 스스로의 길을 되돌아보기로 했어요. 그리고 또다시 '나는 무엇인가'에 대한 대답을 찾기로 했지요. 법정스님은 원래의 자리로 돌아가자고 마음먹었어요. 다시 짐을 싸고 산으로 들어가기로 한 거예요.

"이웃에 불이 났을 때는 소방관이고 누구고 모두 불을 꺼야겠지. 하지만 일단 불이 잡히면 다들 자신의 위치로 돌아가야 한다. 그리고 자신에게 주어진 삶의 몫을 다해야 한다."

그렇게 법정스님은 전라남도 순천으로 갔어요. 그리고 1975년 10월 송광사 뒷산을 올랐지요.

송광사 뒷산을 오르다가 법정스님은 슬며시 웃었어요.

"예전에는 혼자 산길을 오르면 무서웠는데 이제는 그런 것도 없구나."

법정스님은 옛날 일이 생각났어요. 볼일이 있어 절에서 내려갔다가 해가 다 진 후에 어두운 숲길을 혼자 걸어 올라온 적이 있어요. 낮에는 푸르기만 하던 산이 저녁이 되자 음산하게 느껴졌지요.

"그래봤자 산길이지!"

법정스님은 기세등등하게 달빛도 별빛도 없는 산길을 혼자 걷기 시작했어요. 그런데 산속으로 들어갈수록 더욱 어두워져 눈앞이 캄캄했어요. 게다가 어둠 속에서 간간히 들리는 산짐승 소리와 법정스님의 발소리만이 깊은 골짜기에 울렸어요. 그러다보니 슬금슬금 겁이 나기 시작했어요.

"흐흠. 나무, 나무아미타불 관세음보살……."

법정스님은 염불을 외우며 계속 산길을 올랐지요. 하지만 점점 다리가 떨리고 등에서는 식은땀이 나기 시작했어요.

"관세음보살, 관세음보살……. 으, 아이고! 관세음보살!"

결국 겁이 난 법정스님은 관세음보살을 외치며 절까지 뛰었지요. 간신히 절에 도착했을 때는 온몸이 땀에 절고 속옷까지 젖어 있었어요.

"별것도 아닌 것을 그때는 왜 그렇게 무서워했담. 역시 사람은 경험을 통해 새로운 눈이 열리고 실수를 통해 배우는 것이지."

옛날 생각을 하며 호젓한 오솔길을 올라가니 〈불일암〉이라는 암자가 보였어요. 불일암은 고려시대에 지어진 암자에요. 하지만 거의 허물어져 집터만 겨우 남아 있었어요. 집터를 둘러보는데 어디선가 시원한 바람이 불었어요. 댓잎을 스치는 바람 소리가 기분 좋게 들렸어요.

"조금만 손보면 되겠네."

법정스님은 불일암을 다시 짓다시피 했어요. 암자 주위에 손수 나무도 심으며 가꾸어 나갔어요. 그리고 불일암에 머물면서 혼자 밥을 해 먹고 밭을 매고, 글도 쓰고 예불도 드렸어요. 그렇게 혼자서 스스로를 돌아보며 수행했지요.

혼자 지내던 어느 가을 날, 법정스님은 여느 때처럼 일어나 창문을 열었어요. 가을비가 걷히고

맑게 갠 하늘을 보고 법정스님은 창호지를 꺼냈어요.

"지난 비바람에 얼룩진 창호지를 바꿔볼까."

법정스님은 얼룩진 창호지를 떼고 새 창호지를 붙였어요. 새로 창을 붙이자 가을 햇살이 깨끗하게 들어왔어요. 그동안 얼룩졌던 것이 맑게 보이니 마음까지 개운했지요.

"행복하구나. 새로 바른 창 하나로도 행복하구나."

창을 바른 법정스님은 부엌에 가서 국수를 삶았어요. 법정스님은 국수를 아주 좋아했어요. 아마 다른 사람들은 몇 생에 걸쳐 먹었을 만큼의 국수를 먹었다고도 했어요. 그 가운데에서 막 삶아서 우물물에 씻은 면을 간장에 비벼 먹는 것이 최고라고 했지요. 손수 삶은 국수를 툇마루에 앉아 간장에 비벼 먹으면서도 법정스님은 중얼거렸어요.

"음, 행복해."

행복은 사람마다 느끼는 것이 다를 거예요. 하지만 결코 많고 큰 것이 있다고 해서 행복한 것은 아니에요.

"작은 것이라도 고마워하고 만족할 수 있다면 그게 행복이지. 모자라면 그걸 채우면서 고마워하고 행복해하는 거지. 넘치면 그 고마움을 몰라."

법정스님은 평소에도 사람들에게 행복에 대한 이야기를 많이 했어요.

"행복은 이 다음에 이뤄야 할 목표가 아니라 지금 이 순간에 존재하는 것입니다. 어느 특별한 때에 행복을 이룰 수 있는 것이 아닙니다. 주어진 것입니다. 행복은 선물이에요."

어렸을 때부터 바라던 얽매이지 않는 혼자만의 생활을 하면서 법정스님은 사색을 하고 자연과 교감했어요. 그러면서 산속 친구들과 어울리기도 했지요.

법정스님은 혼자 살지만 조금도 게으름을 피우지 않았어요. 같은 시간에 일어나고 잠시도 몸을 가만히 두지 않았어요. 늘 아침 여섯 시면 아침 공양 준비를 했어요. 그런데 하루는 아침까지 원고를 쓰느라 부엌에 나가는 시간이 조금 늦었어요. 그러자 '똑똑' 하는 소리가 들렸어요.

"어? 무슨 소리지?"

법정스님이 소리가 나는 곳을 따라가 보았어요. 밖이랑 이어진 덧문에서 희미하게 똑똑거리는 소리가 들렸어요.

"이 아침에 누가 왔나?"

법정스님은 궁금해서 덧문을 살짝 열어보았어요.

"어이쿠!"

갑자기 무언가 휙 하고 안으로 들어왔어요. 바로 다람쥐였어요. 낯이 익은 다람쥐였지요. 평소에 창고를 드나들며 야금야금 콩을 먹던 바로 그 다람쥐였어요. 아마 다람쥐는 법정스님이 덧문을 열어두는 시간을 알고 있었나 봐요. 그런데 시간이 지나도록 문이 열리지 않자 궁금해서 문을 두드린 것 같았어요.

"허허, 그래. 오늘은 내가 조금 늦었다. 그래서 그걸 못 기다리고 똑똑거렸나?"

불일암에서 사귄 동물 친구는 다람쥐뿐이 아니었어요.

겨울이면 산속에는 먹을 것이 별로 없어요. 그래서 깊은 산속에 있던 동물도 산 아래로 내려오지요. 법정스님의 마당에는 꿩들이 내려와 어정거렸어요.

"먹을 게 없나 보구나. 나도 보살님들께 얻어먹는 형편이지만, 같이 나누어 먹자."

법정스님은 뜰에 모이를 뿌려주었어요. 처음에는 꿩들이 가까이 오지 않았어요. 법정스님이 자리를 비키자 그제야 모이를 쪼아 먹었지요.

그렇게 며칠 마당에 찾아오던 꿩들이 어느새 보이지 않았어요.

"먹을 것도 없을 텐데……. 다른 곳으로 갔나, 아니면 혹시 매나 다른 짐승이 채어갔나."

늘 오던 꿩들이 보이지 않자 법정스님은 걱정이 되었어요. 그런데 며칠 후, 대숲에서 얼핏 꿩의 모습이 보였어요. 법정스님은 반가운 마음에 조심스럽게 다가갔어요. 그런데 대숲에는 병아리만 한 새끼 꿩이 대여섯 마리가 있는 게 아니겠어요.

"아, 그동안 알을 품느라 안 보였구나."

법정스님은 그제야 안심했어요.

그렇다고 모든 숲속 동물들하고 처음부터 사이가 좋았던 것은 아니에요. 법정스님은 채소를 직접 키워 먹었어요. 그런데 토끼가 채소밭을 엉망으로 만들었어요. 잎을 갉아먹고 뿌리를 갉아먹어 채소가 제대로 자라지 못했어요. 토끼를 쫓아내려고 법정스님은 밤에 등불도 켜고 라디오도 켜 놓았지만 소용없었어요. 법정스님은 아예 밭 둘레에 망을 쳐 두었어요. 그랬더니 이번에는 토끼들이 망 밑으로 구멍을 파고 기어 들어와 채소를 뜯어 먹었지요. 법정스님은 토끼들 때문에 골치가 아팠어요.

"토끼들 때문에 농사를 망치겠군. 어떻게 해야 쫓을 수 있지?"

그런데 하루는 벌건 대낮에 망 안으로 들어와 채소 잎을 뜯어 먹는 토끼를 보았어요. 토끼는 법정스님을 발견하고는 화들짝 놀라서 도망가려고 했지요. 그런데 토끼도 당황했는지 자기가 어디로 들어왔는지도 못 찾고 있었어요. 망 안에서 도망 갈 구멍을 찾고 있는 토끼의 모습을 보고 약이 오른 법정스님이 냅다 소리 질렀어요.

"예끼 놈!"

그러자 토끼는 그야말로 혼비백산이 되어 망 안을 여기저기 뛰어 다녔어요. 한참을 날뛰던 토끼는 간신히 구멍을 찾아 멀찌감치 도망갔어요. 그리고 다시는 밭에 얼씬도 하지 않았지요. 하지만 법정스님은 그런 자신이 조금 민망했어요.

"허허, 이게 무슨 짓인가. 산짐승하고 싸우고 있다니."

그런 법정스님의 마음을 알았을까요. 눈이 잔뜩 내린 겨울 밤, 뒷문 두드리는 소리에 문을 열자 산토끼 한 마리가 뛰어 들어왔어요.

"올해는 유독 겨울이 춥구나."

법정스님은 찾아온 숲속 손님에게 고구마를 내어 주었어요. 그리고 하룻밤을 따뜻하게 재워주었지요.

무소유와 나눔으로
법정

　법정스님이 효봉스님을 스승님으로 모실 때였어요. 하루는 장터에 장이 서서 법정스님 혼자 구경 삼아 나갔어요.
　"오랜만에 나오니 볼 게 많네."
　법정스님은 이것저것 물건 구경도 하고 사람 구경도 했어요. 그렇게 장터 여기저기를 다니다 보니 어느새 시간이 훌쩍 지났지요.
　"에쿠, 큰스님 점심 공양해 드려야 하는데 늦겠네."
　법정스님은 서둘러 절로 돌아왔어요. 효봉스님이 잔뜩 화가 난 표정으로 법정스님을 기다리고 있었어요.

"스님, 얼른 점심 공양 준비를 하겠습니다."

"오늘은 점심 공양을 짓지 마라!"

효봉스님은 법정스님에게 따끔하게 말했어요.

"공부하는 중이 시간을 지킬 줄 모른다는 게 말이 되느냐? 오늘은 단식이다. 나도 굶고 너도 굶자!"

효봉스님의 꾸짖음에 법정스님은 어떨 수 없었어요. 법정스님은 곡괭이를 들고 밭으로 나갔어요.

'어디에 정신을 팔려 시간 가는 줄도 몰랐을까. 수행하는 자가 정신을 딴 곳에 두다니……. 나는 아직 멀었구나. 그나저나 스님께서 공양을 못해서 시장하실 텐데.'

법정스님은 이래저래 마음이 편하지 않았어요. 수행자로서 시간을 허투루 쓴 자신이 한심했어요. 속상한 마음에 땀을 뻘뻘 흘리며 곡괭이질을 하고 있는데 효봉스님이 불렀어요.

"국수를 좋아한다고 했더냐?"

"스님, 국수 드시고 싶으세요? 바로 국수 공양해 드리겠습니다."

그러자 효봉스님이 국수 한 그릇을 쓱 내밀었어요.

"네가 참회(자기의 잘못에 대하여 깨닫고 깊이 뉘우침)하는 것을 다 보았다. 어서 먹어라."

"스, 스님."

법정스님은 효봉스님에게 합장을 했어요.

"다시는 시간을 어기지 않겠습니다."

법정스님은 효봉스님이 만들어 주신 국수를 정말로 맛있게 먹었어요. 그리고 스님의 사랑과 가르침을 다시 한 번 마음에 새겼지요.

효봉스님은 아주 검소한 생활을 했어요. 그리고 그 검소한 생활을 법정스님에게 가르쳤어요. 행여 쌀을 씻다가 쌀 한 톨이라도 흘리면 역정을 냈어요.

"신도들이 주신 것을 어찌 그리 함부로 다루느냐. 그건 죄를 짓는 것이야."

어쩌다 등산객이나 절에 온 신도들이 설거지를 하다가 밥찌

꺼기를 버리고 가면 법정스님에게 젓가락과 그릇을 가지고 오라 했어요. 그리고 젓가락으로 밥알을 하나하나 주웠지요. 그 모습을 보고 법정스님이 물었어요.

"스님, 그것들을 주워서 어쩌시려 합니까? 새 모이라도 주시려고요?"

법정스님이 물었지만 효봉스님은 아무 말도 하지 않았어요. 그리고 주운 밥알을 물에 한 번 휙 헹구고는 그대로 입에 털어 넣었어요.

"신도들이 주신 것을 버리면 벌을 받는다 하지 않았느냐."

또 성냥도 하루에 한 개비만 쓸 수 있었어요. 그래서 촛불이 꺼지지 않도록 항상 신경써야 했지요. 뿐만 아니라 흘러내린 촛농도 함부로 버리지 못하게 했어요.

"이것들도 다 모아서 심지를 박으면 다시 불을 켤 수 있는데 왜 버리느냐."

법정스님이 걸레라도 빨고 있으면 옆에서 한 수 거들었지요.

"어허, 걸레를 그렇게 세게 짜면 찢어지지 않느냐. 살살 짜라. 그래야 오래 쓴다."

그리고 추운 겨울에도 방에 불을 하루에 한 번만 때게 했어요.

"썩은 나뭇가지도 아궁이에 들어가면 모두 태워 없어지니,

이 또한 낭비니라."

법정스님도 출가하기 전에는 꽤 검소했어요. 신발이 다 떨어질 때까지 신고 그 돈으로 책을 사서 보며 대학을 다녔지요. 그래도 효봉스님의 검소한 생활과는 비교도 되지 않았어요. 저절로 고개가 숙여질 정도였지요. 하지만 조각 비누를 모아쓰던 법정스님이 하루는 참지 못하고 말했어요.

"스님, 비누가 오래됐는지 거품이 나지 않습니다."

"흐음, 그 비누는 내가 금강산에 있을 때 시주 받은 것이니, 30년은 됐겠구나."

효봉스님은 아무렇지도 않게 대답했어요.

"30년이요? 스님, 이 비누로는 아무것도 못합니다. 향기도 없고 거품도 안 나고, 이래서 때가 지겠습니까? 제가 비누 하나 구해오겠습니다."

그러자 효봉스님이 조용히 말했어요.

"중이 하나만 있으면 됐지 무엇 하러 두 개를 가지려 하느냐. 두 개는 군더더기다."

효봉스님의 말이 법정스님의 마음을 울렸어요. 물건을 안 갖는 것이 아니라 꼭 필요한 것을 적게 갖는 것, 바로 무소유의 가르침이었어요.

법정스님은 당장 부엌으로 들어갔어요. 그리고 부엌칼도 하나만 남기고 숟가락과 젓가락은 두 벌, 밥과 국그릇도 두 벌, 반찬 그릇도 몇 개만 남기고 찬장에서 내렸어요.

"부엌이 다 환해졌네."

법정스님은 찬장을 바라보았어요. 비워진 찬장이지만 햇살이 가득 담겨 더없이 깨끗해 보였지요.

어느 해인가 법정스님은 난 화분을 선물 받은 적이 있어요. 혼자 지내는 간소한 방에 난 화분을 놓으니 방 안이 환해지는 것 같았지요.

"이 방에 살아 있는 것은 너와 나뿐이구나."

법정스님은 난을 많이 아꼈어요. 잘 키워 보려고 책을 구해 읽고 비료도 구해 주었지요. 난은 온도에 민감해요. 그래서 여름에는 서늘한 그늘을 찾아 주고 겨울에는 난에 맞게 온도를 조절해 주었어요.

"스님, 난이 어쩌면 이렇게 곱게 자라나요. 정말 예뻐요."

정성껏 가꾼 덕분인지 스님을 찾아온 사람들도 난을 보고 좋아했어요. 그럴수록 법정스님은 난을 더욱 아끼고 정성껏 돌봤어요.

그러던 어느 여름 날, 장맛비가 그치자 법정스님은 다른 절에 계시는 스님을 만나러 외출했어요. 오랜만에 스님도 만나고 이런저런 이야기를 나누었지요.

한낮이 되자 언제 장맛비가 왔냐는 듯 햇빛이 눈부시게 쏟아졌어요.

"햇볕이 오랜만이라 그런지 반갑네요."

"그러게요. 매미 울음소리도 오랜만인 듯합니다."

법정스님은 힘차게 울리는 매미 울음소리를 가만히 듣고 있었어요. 내 이야기 좀 들어달라고 기를 쓰고 노래하는 것 같았지요. 그러다 문득 법정스님의 머리를 스치는 것이 있었어요.

"아차, 난!"

법정스님은 난 화분이 떠올랐어요. 계속되는 장맛비에 답답했을 난을 비도 그쳤으니 바깥바람 좀 쐬라고 잠깐 뜰에 내놓고는 그냥 온 거예요. 쨍쨍한 한낮 햇볕을 그대로 받고 있을 난을 생각하니 마음이 급해졌어요.

"저, 스님. 제가 이만 가 봐야 할 듯합니다."

"아, 그러세요. 무슨 급한 일이 있나보지요?"

"네? 네……."

법정스님은 말끝을 흐리며 자리에서 일어났어요. 머물고 있는 절로 돌아오는 동안 머릿속이 복잡했어요.

'이 햇볕에 난 잎이 다 타들어가겠네. 어쩌면 좋아, 어쩌면 좋누.'

허둥대며 돌아온 법정스님은 난 화분부터 찾았어요.

"역시……."

한낮의 햇볕을 받은 난 잎은 힘없이 축 늘어졌어요. 법정스님은 안타까워하며 물을 주었어요. 다행히 난 잎은 살아났지만 예전만큼 빛이 나지는 않았지요.

법정스님은 멍하니 난 화분을 바라보았어요. 그리고 오늘을 비롯해 지난날을 되돌아보았어요.

"외출하면서 바람이 좋으면 다시 돌아와 난 화분을 밖에 두고, 반대로 바람이 너무 차면 다시 돌아와 화분을 안에 들이고. 특히나 오늘처럼 외출했다가도 걱정이 되어 그동안 길게 외출하지 못했지. 나는 무엇 때문에 그런 것일까."

법정스님은 스스로에게 물었어요. 그리고 곧 답을 찾았어요. 바로 '집착' 때문이에요. 난에 집착한 탓에 마음이 괴로웠던 것이지요.

결국 법정스님은 난 화분을 다른 친구에게 주었어요. 3년 동안 그렇게 정성껏 키운 화분을 넘겼지만 섭섭하지는 않았어요. 오히려 홀가분했어요.

"크게 버리는 사람이 크게 얻을 수 있지. 아무것도 갖지 않을 때 세상을 갖게 될 거야. 그래. 이제부터 하루에 한 가지씩 버리자."

사람은 당연히 하나라도 더 많이 갖고자 하는 마음이 있어요. 그런데 그 마음은 절대 채워지지 않아요. 오히려 더 많은 것을 채우려고 하고, 그러다가 제 뜻대로 되지 않으면 큰 불행을 겪기도 하지요. 또 가지고 있는 것을 잃어버렸을 때는 슬픔을 느끼기도 해요. 하지만 아무것도 가지고 있지 않다면 욕심이 생길 일도 없고 슬픔에 괴로워할 필요도 없어요.

"아무것도 가지지 않을 때 비로소 자유를 느낄 수 있는 것이야."

법정스님은 난 화분을 통해 무소유를 다시 한 번 깨달았어요. 그리고 아무것도 가지지 않겠다는 마음을 평생 실천했지요. 법정스님의 방에는 작은 책상과 책장만 있어요. 옷도 해지고 찢어져서 기운 누더기 옷을 평생 입었어요. 그리고 필요한 것은 꼭 하나만 두고 계속 사용했어요. 심지어 출가하면서부터 쓴 세수 바가지를 세상을 떠날 때까지 썼다고 해요.

그렇게 평소에 무소유를 실천했던 법정스님은 자신의 깨달음을 《무소유》라는 책으로 엮었어요. 책은 베스트셀러가 되었어요.

"그동안 신자들에게 받은 것을 이렇게라도 갚을 수 있으니 다행이지."

그 뒤로도 법정스님은 책을 여러 권 냈어요. 그리고 책으로 번 돈은 모두 소외된 사람들에게 나누어 주었어요.

하루는 가톨릭 신자인 대학생이 《무소유》를 읽고 법정스님을 찾아 왔어요. 그리고 자신의 고민을 털어놓았어요.

"스님, 저는 대학을 다닐 만큼 형편이 넉넉하지 않아요. 그런데도 공부를 계속해야 할까요? 차라리 취직을 해서 돈을 버는 게 낫지 않을까요?"

대학생의 이야기를 들은 법정스님은 문득 출가하기 전의 자신이 떠올랐어요. 작은아버지의 도움을 받아 공부를 했기 때문에 대학생의 마음을 충분히 이해할 수 있었지요.

"학생은 걱정 말고 공부를 열심히 하는 게 좋겠네요."

법정스님은 대학생이 학교를 졸업할 때까지 장학금을 주었어요. 그리고 그 대학생은 나중에 대학교수가 되었어요. 이 대학생 말고도 법정스님은 형편이 어려운 여러 학생들에게 장학금을 주었어요. 그러다 보니 돈이 급하게 필요할 때도 있었지요. 그럴 때면 출판사 사장을 찾아갔어요.

"이번에는 내 책이 얼마나 팔렸습니까? 인세(저작자에게 저작물이 팔리는 수량에 따라 일정한 비율로 치르는 돈)가 들어올 때가

된 거 같은데, 미리 주시면 안 되겠습니까?"

하도 재촉을 하는 탓에 출판사 사람들은 이상하게 생각했어요.

"스님이 무슨 돈 쓸 일이 있다고 그렇게 돈, 돈 하십니까? 허 참, 이상도 하네."

법정스님은 인세로 받은 돈을 대학생뿐 아니라 주위에 도움이 필요한 사람에게 나누어 주었어요.

법정스님이 유명해지자 강연회에 초청하는 일도 잦았어요. 그러면 많은 사람들이 선물을 주었지요.

"이걸 어쩐다."

법정스님은 선물을 받아들고 어쩔 줄 몰라했어요. 받자니 부담스럽고 안 받자니 선물을 준 사람의 성의를 무시하는 게 될 수도 있으니까요.

"아, 그렇게 하면 되겠다. 옳지, 이제 주는 건 그냥 받자."

법정스님은 선물을 주는 대로 다 받았어요. 그리고 그것을 어려운 사람들에게 나누어 주었지요.

특히 겨울이면 많은 불교 신자들이 모자를 보내주었어요.

"스님, 지난번에 뵐 때 모자가 너무 낡았더라고요."

"날씨도 추워지는데 건강 조심하십시오."

다들 법정스님을 걱정했어요. 하지만 법정스님은 가지고 있는 모자 하나면 충분했어요. 그래서 전국에서 받은 모자 역시 주변에 있는 사람에게 나누어 주었어요.

훗날 죽음을 앞두고 병원에 입원했을 때 법정스님은 의사 선생님에게 부탁을 했어요.

"선생님, 제가 이렇게 누워 있으니 할 일을 못합니다. 부탁이 있는데, 혼자 지내시는 노인들에게 쌀과 반찬을 나누어 드리고 싶어요."

법정스님의 뜻을 잘 알고 있는 의사 선생님은 법정스님의 부탁을 들어주었어요. 그래서 쌀과 반찬을 나누어주는 것은 물론 치료도 해주었지요. 하지만 법정스님의 도움을 받은 사람들은 자기를 도와주는 사람이 누구인지 알지 못했어요. 법정스님이 반드시 비밀로 해달라고 했기 때문이지요.

이렇게 법정스님은 무언가를 '소유'하려 하지 않았어요. 그리고 많은 사람에게 나눔을 실천했어요.

불일암에 머물면서 법정스님은 송광사의 일도 맡아 했어요. 그 가운데에 수련원장을 맡으면서 송광사 수련회는 널리 알려졌어요. 4박 5일 동안 짧게 출가를 하는 행사인데 일 년에 5백여 명이 참가할 정도였어요. 그리고 책이 베스트셀러가 되면서 법정스님을 일부러 찾아오는 사람도 많았지요.

　하루는 송광사에서 불일암으로 오르는 길에서 낫질을 하고 있는데 누군가 불렀어요.

　"스님! 말씀 좀 여쭙겠습니다."

　법정스님은 힐끗 뒤를 돌아보았어요. 말쑥하게 정장을 입은 한 사내가 서 있었어요.

　"무슨 일이십니까?"

　"혹시 법정스님이 어디 계신지 아십니까?"

　순간 법정스님은 장난기가 돌았어요.

　"법정인지 법당인지, 나는 그런 중은 모르오."

법정스님은 아무렇지도 않게 하던 일을 계속했어요. 그러자 사내가 다시 말을 걸었어요.

"아래 큰절에서는 이 길로 올라가면 계실 거라고 하던데요?"

이미 송광사에서 이야기를 듣고 왔다면 더 이상 거짓말을 할 수 없었어요.

"에이, 다 알고 오셨구먼. 사실 법정스님은 산에 나무하러 갔어요. 겨우내 땔 땔감 구하신다고요."

그러자 사내가 깜짝 놀라 물었어요.

"아니, 그 유명한 법정스님이 직접 나무도 하러 다니세요?"

"산 밑에서는 유명한지 어떤지 모르지만 산에 왔으면 직접 나무도 하고 밥도 하고 빨래도 하고 그래야 제대로 된 중이지요."

법정스님 말에 사내는 적잖이 놀란 것 같았어요.

"우와, 법정스님이 손수 밥도 짓고 빨래도 하신다니……. 그러면 혹시 언제 오시는지 아십니까?"

"글쎄요. 작정을 하고 이제 막 가셨으니, 아무래도 해가 떨어져야 오실 듯 합니다."

"쩝, 어떻게 하나. 일부러 시간 내어서 왔는데……."

사내가 시계를 보며 깊은 한숨을 내자 법정스님이 넌지시 말했어요.

"혹시 명함이라도 있으면 주고 가시오. 내가 스님 내려오시면 전해드리리다."

"그래 주시겠어요? 고맙습니다. 스님, 정말 고맙습니다."

사내는 명함 한 장을 주고 한결 편안해진 얼굴로 산을 내려갔어요.

때로는 법정스님의 얼굴을 알아보는 사람도 있었어요.

"혹시 법정스님 아니신가요?"

그럴 때면 스님은 웃으면서 아무렇지 않게 말했어요.

"허허, 저도 그 스님을 닮았다는 얘기를 많이 듣습니다."

스님은 대강 얼버무리며 지나갔어요. 찾아오는 사람들에게는 미안했지만 어쩔 수 없었어요. 오는 사람들을 다 만나고 이야기를 들어주다 보면 정작 수행할 시간을 빼앗기게 되니까요.

하지만 그것도 하루 이틀이었어요. 법정스님을 찾는 사람이 많아질수록 법정스님은 오롯이 자신만의 시간을 가질 수 없었어요.

"사람들을 만나서 세상 이야기도 듣고 새로 배우는 것도 있지만, 역시 힘이 드네."

특히 불일암을 불쑥불쑥 찾아오는 사람들 때문에 그야말로 기진맥진이 되어 살이 빠질 지경에 이르렀지요.

"아니야. 이대로는 안 되겠어."

법정스님은 견디기 힘들면 훌쩍 자신만을 위한 여행을 떠나기도 했어요. 그러다가 1992년에는 아예 불일암에서 모습을 감추었어요.

길도 나 있지 않은 곳이었어요. 아는 길도 아니었어요. 그저 예전에 화전민이 살던 오두막이 있더라, 하는 이야기만 들었지요. 화전민은 산에 나 있는 나무나 풀을 태워서 농사 지을 땅을 만들고 그곳에서 농사를 짓던 사람들을 말해요.

"이크, 서둘러야겠어. 이러다가 해가 지겠네."

법정스님은 발걸음을 재촉했어요. 작정을 하고 나선 길이 아니라 시간이 늦어지고 말았어요. 불일암에서 내려와 법회를 마쳤을 때, 법정스님은 문득 화전민이 버리고 간 오두막이 생각났어요. 그래서 무작정 강원도로 향했어요.

산길을 얼마나 올랐을까요. 오두막에 도착했을 때는 봄날의 해가 지고 땅거미가 스멀스멀 내리고 있었어요.

"어디 보자. 이거 원, 전깃불도 없으니 보이는 것도 없네. 일단 한숨 자고 내일 아침에나 둘러봐야겠어."

법정스님은 낯선 곳에서 그대로 잠을 청했어요. 개울물 소리와 골짜기를 타고 내려오는 바람 소리가 들렸지요. 쏟아질 듯한 별빛 아래로 이따금씩 들리는 산새 소리는 자장가 같았어요.

이튿날 잠에서 깬 법정스님은 기분이 아주 상쾌했어요.

"머리가 아주 맑구나. 아주 잘 잤어."

법정스님은 숲의 기운을 잔뜩 들이마셨어요. 머리는 물론 몸도 맑아지는 듯했어요. 아침 햇살에 주위를 둘러보니 오두막이 있는 곳은 사람의 손길이 닿지 않은 자연 그대로의 모습을 하고 있었어요. 그리고 오두막 옆에는 유리처럼 맑은 개울이 흐르고 있었지요.

"밤새 들린 소리가 이 소리였구나. 불일암에서는 바람 소리를 들으며 지냈는데, 이곳에서는 개울물 소리를 들으며 살 수 있겠군."

법정스님은 시냇물을 두 손으로 받아 마셨어요.

"이렇게 맑은 물을 마실 수 있다니, 고맙습니다. 이제 좀 볼까?"

법정스님은 입을 훔치고 오두막을 살펴보았어요.

"이왕 왔으니 손 좀 보고 가자. 간단하게 먹을 것도 가져왔고, 옮길 짐도 없으니 쉬엄쉬엄 하면 될 거야."

법정스님은 우선 당장 사용할 연장을 10킬로미터나 떨어진 장에 가서 구해왔어요. 봄이라고 해도 오두막이 있는 골짜기는 아침저녁으로 등골이 시릴 정도로 추웠어요. 급한 대로 아궁이에 불을 지필 땔감이 필요했지요. 법정스님은 도끼와 톱으로 죽은 나무를 잘라 땔감을 넉넉하게 마련했어요. 그리고 오두막은 되도록이면 있는 그대로 두기로 했어요. 다만 양철 지붕을 나무껍질로 바꾸고 처마에는 풍경을 달았지요.

사실 오두막에 올 때는 복잡한 곳을 떠나 하루 이틀 쉬다 가려고 했어요. 그런데 하룻밤 지내고 보니 그대로 주저앉게 되었지요. 처음에는 전기도 안 들어오는 곳이 답답했어요. 하지만 며칠 지내면서 어느새 촛불에 익숙해졌지요. 아무도 없는 산속에서 심지 타는 소리만 간간히 들렸어요.

"조용하구나. 이제야 어디에도 얽매이지 않게 되었어."

산속 오두막에는 사람 소리도 세상 소리도 들리지 않았어요. 비로소 법정스님은 출가했을 때 다짐했던 자유인이 될 수 있었어요.

법정스님은 산골 오두막이 어디에 있는지 아무에게도 말하지 않았어요. 그저 강원도 어느 산골에서 지내고 있다고만 했지요. 그리고 일이 있으면 잠깐 오두막에서 내려왔어요. 마침 모임에서 한 신자가 법정스님에게 안부를 물었어요.

"스님. 오랜만에 오셨네요. 산골 생활은 어떠세요?"

"좋습니다. 개울물을 길어 차도 마시고 채소도 가꾸고 책도 읽는답니다."

편안하다는 법정스님의 말에 신자는 작은 꾸러미 하나를 내밀었어요.

"반찬은 있으세요? 그 좋아하시는 국수를 무엇하고 드신대요. 마침 김치가 맛있게 되어서 한 통 가지고 왔어요. 맛있게 드시고 건강하세요."

법정스님은 김치통을 소중하게 받아들였어요. 마침 텃밭에서 키우는 채소만 먹으며 여름을 지내던 참이었어요. 그런데 김치라고 하니 저절로 입맛이 돌았지요. 고마운 마음으로 김치통을 들고 오두막으로 왔지만, 법정스님은 걱정이 되었어요. 여름 날씨에 김치가 금방 쉴 것 같았거든요. 냉장고가 있으면 좋겠지만 법정스님이 있는 곳은 강원도 첩첩산중이에요. 전기도 없고 수도도 없는 곳이니 냉장고가 있을 턱이 없지요.

"어떻게 하면 김치를 오래 먹을 수 있을까."

고민하던 법정스님은 계곡물에 김치통이 절반쯤 잠기도록 두었어요. 여름이라고 해도 계곡물이 제법 시원해서 한쪽에 돌을 쌓아 반찬이며 시원하게 먹을 것들을 두기도 했거든요.

"여기에 돌을 올려놓으면 괜찮겠지."

법정스님은 커다란 돌을 얹어 김치통이 움직이지 않도록 자리에 단단히 고정했어요. 한동안 시원한 김치를 먹을 생각에 뿌듯하기까지 했지요.

이튿날 아침, 한바탕 비가 쏟아졌어요. 빗줄기가 푸른 여름 산을 지나간 덕분에 산속 공기는 더 상쾌했어요. 계곡물도 불었는지 물소리도 한층 더 크게 들렸지요.

"자, 이제 점심 공양을 해 볼까."

법정스님은 시원한 김치를 먹을 생각에 기분이 좋았어요. 서둘러 계곡물에 가서 김치통을 찾았지요. 그런데 김치통이 감쪽같이 사라졌어요.

"어라, 이게 어디로 갔나? 분명히 여기에 담가 두었는데."

계곡 여기저기를 살펴보던 법정스님은 무릎을 탁 쳤어요.

"이런, 비 때문에 계곡물이 불어서 떠내려갔구나. 아이고, 아까워라."

어쩔 수 없이 법정스님은 텃밭에 심어 둔 풋고추와 된장국으로 두어 달을 살았어요.

전기와 수도는 물론 법정스님이 사는 곳은 전화도 없었어요. 전화를 하려면 걸어서 산을 20분 내려온 다음 다시 차를 타고 20분을 가야만 했지요. 하지만 법정스님은 불편할 것이 없었어요. 오히려 방해받지 않고 책을 읽고 글을 쓰며 수행할 수 있어서 좋았거든요.

그런데 지인들은 걱정이 이만저만 아니었어요.

"스님, 도대체 계신 곳이 어디입니까? 듣자하니 오두막에는 전기도 안 들어온다면서요. 그렇게 불편한 곳에서 어떻게 머무십니까."

"허허, 저는 괜찮습니다. 아주 좋아요."

하지만 지인들은 답답했어요.

"스님께 연락을 할 수 없어서 불안합니다."

그러면서 지인은 법정스님에게 무언가를 내밀었어요.

"스님, 이 핸드폰 받으세요. 스님께 방해 안 되도록 정말 급

할 때만 전화 드리겠습니다."

법정스님은 핸드폰을 받고 싶지 않았어요. 하지만 하도 간곡하게 부탁하는 바람에 어쩔 수 없이 핸드폰을 받아들였지요.

오두막으로 돌아온 법정스님은 핸드폰을 앞에 두고 고민했어요.

"이 핸드폰을 어떻게 해야 하나."

한참을 망설이던 법정스님은 일단 핸드폰을 켰어요. 하지만 곧 웃음이 터지고 말았지요.

"허허, 깊은 산골이라 수신이 안 되는구나. 잘됐다. 만약 수신이 되었으면 쓸지 말지 고민할 뻔했어."

법정스님은 오두막처럼 자신의 삶이 소박하기를 바랐어요. 그래서 맑은 가난 속에서 살면서 늘 버리고 버리기를 기도했지요.

아무도 찾아오지 않는 곳이지만 법정스님은 오두막에서 소중한 인연을 만났어요. 법정스님이 오두막에 심을 나무를 사

러 갔을 때에요. 나무를 다 고르고 나니 오두막까지 어떻게 옮길지가 고민이었어요. 그러자 주인이 누군가를 소개해 주었어요.

"아주 적당한 사람이 있어요. 젊은 사람인데 스님도 만족하실 겁니다."

그리고 주인은 젊은 일꾼과 통화를 했어요. 법정스님은 아무래도 산골까지 나무를 싣고 오기가 쉽지 않을 거라고 생각했지요. 그런데 소개받은 일꾼은 흔쾌히 나무를 트럭에 실어 오두막까지 가져다주었어요. 그리고 이튿날에는 나무를 심어주러 다시 법정스님을 찾아왔어요. 일꾼은 나무를 심으면서 법정스님에게 물었어요.

"법정스님이시죠? 책에서 봤습니다."

법정스님은 깜짝 놀랐어요.

"허허, 여기서도 숨길 수가 없군. 맞아요. 그런데 비밀입니다."

그러자 일꾼은 웃으며 대답했어요.

"알겠습니다. 그렇게 하겠습니다."

일꾼은 그 뒤로도 법정스님과의 약속을 지켰어요. 일꾼은 착

실하고 책임감도 있었어요. 그리고 책도 많이 읽고 무엇보다 못하는 것이 없었어요. 오두막의 지붕이며 부엌이며 손을 봐 주었어요. 우물을 끌어다가 오두막에 수도를 설치해 주고 난로 연통도 갈아주었지요. 그리고 일이 끝나면 남아서 청소까지 깨끗하게 했어요.

"스님, 손볼 곳이 있으면 언제든 말씀하세요."

법정스님은 잠시 고민을 하고는 말했어요.

"사실은 방을 좀 고쳤으면 좋겠는데요."

"방이요?"

법정스님이 머무는 방은 아궁이에 불을 피우면 연기가 굴뚝으로 빠지지 못했어요. 그러다 보니 기침이 날 때가 많았어요. 그리고 아랫목은 아주 뜨겁고 윗목은 반대로 너무 차가워서 곰팡이가 슬기도 했지요.

"내 생각에는 아궁이와 굴뚝 위치를 바꾸면 어떨까 싶은데요."

법정스님 말에 일꾼은 고개를 끄덕였어요.

"네, 스님. 구들장도 다시 까는 게 낫겠어요."

생각보다 일이 커지고 말았어요. 그래도 일꾼은 며칠 동안 묵묵히 일했어요. 그 모습을 법정스님은 믿음직스럽게 바라보았지요. 드디어 모든 일이 끝나고 아궁이에 불을 피웠어요. 만약 공사가 잘됐으면 연기가 더 이상 아궁이 쪽으로 나오지 않을 거예요. 조마조마하게 지켜보던 두 사람은 연기가 바람을 타고 굴뚝 밖으로 시원하게 빠져나가는 것을 보고 손뼉을 쳤어요.

"우와! 됐어요, 스님."

"고마워요. 방도 고루고루 뜨끈뜨끈하네요. 고생 많았어요."

어느새 법정스님과 일꾼은 마음이 척척 맞아들었어요. 법정스님이 오두막에 어떤 나무를 심을까 하고 생각하면 알아서 척척 나무를 가져다줄 정도였지요. 만약 젊은이가 없었다면 법정스님은 깊은 산골 살림을 더욱 힘들게 했을 거예요. 그렇게 법정스님은 선한 젊은이를 통해 그동안 사람에게 받은 상처를 치유받았어요.

젊은 일꾼처럼 법정스님의 마음에 울림을 준 사람은 예전에도 있었어요. 쌍계사에 붙은 작은 암자에서 효봉스님을 모시며 한참 스님이 되는 공부를 할 때였어요. 갑자기 효봉스님이 자리를 비우게 되었어요. 법정스님은 효봉스님이 떠난 암자에서 혼자 지낼 생각을 하니 막막했지요.

"내가 이 암자를 잘 지킬 수 있을까. 큰 절에 폐를 끼치면 안 될 텐데……. 아니야. 오히려 혼자 있으면 더 많은 것을 공부할 수 있을지도 몰라."

법정스님은 스스로를 다독였어요. 그런데 공양을 지으려고 쌀독을 열어보니 쌀이 얼마 남지 않았어요. 효봉스님이 있을 때는 신자들이 찾아와 시주를 했어요. 그런데 지금은 암자를 비웠으니 신자들도 잘 오지 않을 거예요. 그렇다고 큰절인 쌍계사에 내려가서 쌀을 구할 수도 없었지요. 어떻게든 큰절에 폐를 끼치지 않고 혼자서 겨울을 잘 지내고 싶었거든요.

"탁발(도를 닦는 승려가 불경을 외면서 집집마다 다니며 동냥하는 일)을 해야겠구나."

법정스님은 걸망(스님이 경전이나 소지품을 넣고 다니는 큰 주머니)을 짊어지고 목탁을 들고는 길을 나섰어요. 그런데 막상 암자에서 내려오기는 했지만 어디로 가야 할지 몰라 한참을 머뭇거렸어요. 탁발도 처음이고 손에 든 목탁도 아직은 어색했어요. 추운 겨울바람이 더욱 차갑게 느껴졌어요.

"언제까지 이렇게 서 있을 수는 없지 않은가. 무엇이든 처음이 힘든 법이야. 해 보자."

법정스님은 마음을 다잡고 목탁을 두드리며 염불을 했어요. 그렇게 집집마다 돌아다녔더니 어느 집은 쌀을 한 됫박 주고 어느 집은 보리쌀을 한 줌 주었어요. 법정스님은 주는 대로 받으며 축원을 해 주었어요. 그렇게 며칠을 하다 보니 탁발도 익숙해지고 쌀독도 거의 다 채웠지요.

"이 정도면 겨울을 날 수 있겠네."

법정스님은 마지막 탁발이려니 생각하고 가벼운 발걸음으로 암자로 돌아왔어요. 그런데 아무도 없는 암자의 굴뚝에서 연기가 나고 있었어요.

"웬 연기지? 누가 군불을 지피고 있나 보네. 누가 왔나?"

법정스님은 서둘러 부엌으로 가 보았어요. 낯선 스님 한 분이 군불을 지피고 있었어요. 법정스님이 머뭇거리자 낯선 스님이 환하게 웃으며 합장을 했어요.

"지리산에서 온 수연이라고 합니다. 이곳에서 겨울을 나려고 합니다."

"잘 오셨습니다. 저는 법정이라고 합니다. 큰스님은 안 계시고 마침 저 혼자 지내던 참입니다."

법정스님은 수연스님이 반가웠어요. 큰스님 없이 오랫동안 혼자 지내다 보면 마음이 흐트러질 것 같았어요. 그런데 옆에서 누군가 지켜봐주면 수행하는 데 큰 도움이 될 것이라고 생각했지요. 게다가 며칠 지내보니 수연스님은 생각이 깊은 사람이었어요. 그리고 법정스님과 마음도 잘 맞았어요.

"법정스님이 밥을 하시는 동안 제가 반찬을 하겠습니다."

"제가 법당과 정랑을 청소하겠으니, 수연스님은 큰방과 부엌을 정리해 주시는 게 어떨지요."

"좋습니다."

법정스님과 수연스님이 서로 배려하고 도우며 수행했어요. 법정스님은 아주 좋은 도반을 만났다고 생각했어요.

"수연스님, 겨울이 지나면 어떻게 하실 건가요?"

"저는 여러 사찰을 돌아다니려고 합니다."

수연스님의 대답에 법정스님은 고개를 끄덕였어요.

"마침 저도 그럴 생각이었습니다."

법정스님과 수연스님의 마음이 또 맞았어요. 두 스님은 긴 겨울이 끝나면 함께 여러 사찰을 순례하기로 약속했지요.

어느덧 암자에서 지내기로 한 날이 다 지났어요. 이제 하룻밤만 지내고 나서 법정스님은 수연스님과 암자를 떠나 다른 사찰을 순례할 참이었어요. 그런데 그날 밤, 법정스님은 으슬으슬 추위를 느꼈어요.

"왜 이러지? 어제 대청소를 하고 이불 빨래를 하느라 몸살이 났나 보다. 뜨뜻하게 하룻밤 자고 나면 낫겠지."

법정스님은 따뜻한 방에 몸을 누였어요. 그런데 이튿날이 되어도 몸살기는 사라지지 않았어요. 심한 독감에 걸린 거였어요.

"법정스님, 조금 어떠십니까?"

"저는 괜찮습니다. 그나저나 오늘부터 순례를 시작하기로 했잖습니까. 스님 먼저 떠나세요."

법정스님은 아픈 몸으로 순례를 갈 수 없어서 수연스님에게 먼저 길을 나서라고 했어요. 하지만 수연스님은 법정스님을 두고 갈 수 없었어요.

"걱정 마세요. 우선 스님 몸부터 챙겨야 할 듯합니다."

"앓을 만큼 앓으면 낫겠지요."

법정스님은 애써 괜찮은 듯이 말했어요. 하지만 열은 더 오르고 몸은 힘없이 처지기만 했어요. 수연스님은 밤새 법정스님을 간호했어요. 이마에 찬 물수건을 갈아주고 목이 마르지 않도록 물을 주었어요. 그렇게 며칠을 앓아도 나아질 기색이 없자 수연스님은 결심한 듯이 말했어요.

"스님, 죽을 좀 끓였습니다. 이 죽 좀 드시고 계세요. 제가 약을 구해오겠습니다."

"괜찮습니다. 어차피 화개장터에 가도 약국이나 병원은 없습니다."

법정스님이 말렸지만 수연스님은 개의치 않았어요.

"다녀오겠습니다. 죽은 꼭 드세요!"

수연스님은 한걸음에 화개장터로 갔어요. 그런데 법정스님 말대로 장터에는 병원은커녕 약국도 없었지요. 수연스님은 지나가는 사람들에게 물었어요.

"혹시 한약방이 어디에 있습니까?"

"여기에는 없어요. 구례까지 가야 할 거예요. 한 15킬로미터

되려나?"

하필 장날도 아니라 트럭을 타고 오가는 장사꾼도 없었어요. 어쩔 수 없이 수연스님은 걷기 시작했어요. 그리고 한약값은 탁발을 해서 마련했지요. 다행히 구례에서 한약방을 찾은 수연스님은 법정스님에게 줄 약을 지었어요.

"스님, 조금만 기다리십시오. 제가 갑니다."

수연스님은 왔던 길을 다시 걸었어요. 오고 가고 30킬로미터를 걸어 암자에 돌아왔을 때는 밤 10시가 다 되었어요. 그 사이 법정스님은 죽을 먹고 잠들어 있었어요. 수연스님은 얼른 한약을 달였어요.

얼마나 지나서인지 법정스님은 인기척에 잠에서 깼어요.

"수연스님, 오셨습니까?"

"스님, 일어나셨어요? 마침 잘되었습니다. 약 드세요."

수연스님은 정성껏 달인 한약을 내왔어요.

"늦어서 미안해요. 구례까지 다녀왔더니 날이 저물었네요."

그 말을 들은 법정스님은 눈물이 핑 돌았어요.

"이 추운 날, 저 때문에 거기까지 다녀오시다니······."

그러자 수연스님은 법정스님의 손을 꼭 잡았어요.

"법정스님 덕분에 겨우내 잘 지냈습니다. 정말 고맙습니다."

수연스님의 정성이 들어간 덕분인지 법정스님은 한약을 먹고 금세 나았어요. 법정스님의 몸이 괜찮아진 것을 보고 수연스님은 혼자 길을 떠났지요.

그리고 얼마 뒤, 법정스님이 해인사에서 머무르고 있는데 수연스님이 찾아왔어요.

"수연스님! 반갑습니다. 그렇지 않아도 소식을 듣고 스님이 계신 곳으로 가려던 참이었어요."

법정스님이 반갑게 인사하자 수연스님도 반가움을 감추지 못했어요.

"저야말로 법정스님께서 해인사에 계신다는 소문을 듣고 한걸음에 왔지요."

그런데 수연스님의 안색이 별로 좋지 않았어요.

"수연스님, 몸이 안 좋으세요?"

"네. 소화가 잘 안 되네요. 곧 괜찮아지겠지요."

그리고 보니 수연스님은 쌍계사 암자에 있을 때보다 잘 먹지 못했어요. 아마 속이 불편해서 소화를 못시키는 것 같았어요. 법정스님은 수연스님을 억지로 끌고 나섰어요.

"수연스님, 저랑 대구에 좀 갑시다."

이번에는 법정스님이 수연스님을 데리고 대구에 있는 병원에 갈 참이었어요. 법정스님 손에 이끌린 수연스님은 어쩔 수 없이 버스에 탔어요. 그런데 버스에 앉은 수연스님은 물끄러미 창문을 보더니 주머니칼을 꺼냈어요. 그리고 창틀에서 빠지려는 나사못을 조였지요. 그 모습을 보고 법정스님은 생각했어요.

'수연스님은 내 것 네 것이 없구나. 다 나의 것, 나의 일이라고 생각하시는 거야. 그렇다면 소유할 일도 없지. 아, 수연스님이야 세상의 주인이 될 분이야.'

법정스님은 수연스님을 통해 번듯한 지식이나 말보다 따뜻한 행동이야말로 사람을 변하게 하는 것이라는 깨달음을 얻었어요. 그리고 좋은 도반을 만난 것에 감사했지요.

홀로 오두막에서 지내던 어느 해 여름, 법정스님은 산을 내려와 독립기념관을 찾았어요. 그런데 독립기념관에 도착한 법정스님의 얼굴이 굳어졌어요.

"없네."

안내판에는 분명히 〈백련못〉이라고 쓰여 있어요. 백련못은 둘레가 1500미터나 되는 넓은 연못이에요. 원래 연못에는 백의 민족을 상징하는 하얀 연꽃이 가득 차 있었지요. 그런데 지금은 연이 한 포기도 없었어요.

"연못에 연꽃이 없다니, 이게 말이 되나. 그러고도 여기가 백련못이라 할 수 있나."

법정스님은 내친 김에 서울로 올라와 경복궁을 찾았어요. 경복궁에는 〈향원지〉라는 연못이 있어요. 연꽃 향기가 멀리 풍겨 온다는 뜻을 가진 이 연못에는 '향원정'이라는 아름다운 정자가 있지요. 그런데 향원지에도 연꽃이 없었어요.

"도대체 이게 무슨 일이야. 설마 창덕궁도?"

창덕궁의 정원인 비원에는 〈부용지〉라는 연못이 있어요. '부용'은 연꽃의 다른 이름이에요. 그런데 설마했던 부용지에도 연꽃이 없었어요.

법정스님은 크게 실망했어요. 연꽃은 진흙 속에서 자라요. 비록 진흙 속에 몸을 담고 있지만 아주 맑은 꽃을 피우지요. 불교에서 연꽃은 비록 환경이 나쁘더라도 원래 가지고 있는 맑은 마음은 잃지 말라는 뜻을 가지고 있어요. 그렇게 좋은 가르침을 주는 꽃이 사라진 것을 보니 법정스님은 마음이 무거웠어요.

"언제쯤 맑고 향기로운 세상에서 살 수 있을까?"

법정스님은 만약 꽃이 없으면 어떨까 생각했어요. 꽃의 향기나 아름다움을 느끼지 못하겠지요. 그런데 꽃은 단순히 눈으로만 보고 즐기는 것은 아니에요. 보통 축하할 일이 있거나 위로할 일이 있을 때 꽃을 선물해요. 꽃으로 기쁨이나 슬픔을 달랠 수도 있기 때문이지요.

"때로는 고기보다 꽃 한 송이가 우리의 삶을 더 위로할 수 있을 텐데. 위로 받는 것이 우리 삶에 아주 중요한 것인데……."

법정스님은 세상과 떨어지려고 강원도 오두막을 찾았어요. 그런데 사라진 연꽃을 보니 맑고 향기로운 인간의 마음을 다시 찾고 싶었어요. 그래서 다시 세상으로 나왔지요. 그리고 〈맑고 향기롭게〉라는 단체를 만들었어요.

'맑음'는 사람마다 가지고 있는 깨끗한 마음과 진실을 뜻해요. '향기로움'은 사람들의 맑은 마음의 메아리를 뜻하지요. 법정스님은 〈맑고 향기롭게〉를 통해 인간의 마음과 세상 그리고 자연을 두루 맑고 향기롭게 가꾸면서 살아가자고 주장했어요.

"마음을 맑게 하고 비우라고 하지요. 하지만 마음은 말로 맑아지고 비워지는 것이 아닙니다. 실제로 움직였을 때 비로소 마음이 맑아지죠. 바로 선행입니다. 선행은 나누는 것을 말해요. 내가 많아서 다른 사람에게 주는 것이 아니라 내가 잠시 맡아 놓았던 것을 되돌려주는 것입니다."

법정스님은 맑고 향기롭게 살아가기 운동도 제안했어요.

"마음을 맑게 하려면 작은 것에 만족할 줄 알아야 합니다. 작은 것을 소중히 여기고 감사하면 기쁘고 행복합니다. 만약 우리가 작은 것을 소중하게 여기고 만족했다면 오늘날과 같은 자연 오염이나 환경 파괴는 일어나지 않았을 것입니다. 인간의 이기적인 욕심과 만족할 줄 모르는 마음이 자연을 망치고 있습니다. 앞으로 욕심 없이 지내고 사랑을 실천하는 삶을 사십시오. 콩 반쪽이라도 나눠 갖는 마음이 생활 속에 배어 맑고 향기롭게 살아가길 바랍니다."

다행히 법정스님의 뜻에 함께하는 사람들도 많았어요. 모두 자연 환경을 보살피고 이웃에게 봉사하겠다고 모인 사람들이었지요. 그런데 돈도 많고 직장도 번듯해서 풍족한 삶을 사는 사람만 나눔을 실천하는 것은 아니었어요.

"보살님, 또 나오셨어요?"

"집에 있으면 뭐해. 내가 도움이 된다면 그게 더 고맙지."

몸이 불편한 독거노인도 봉사를 하고 싶다며 찾아왔어요. 혼자 사는 친정어머니가 도시락 도움을 받는다며 그에 대한 보답으로 봉사를 나오는 젊은이도 있었지요. 하루하루 힘들게 살면서도 이웃을 위해 봉사하며 즐거움을 찾는 사람도 많았어요. 그리고 전국 여기저기에서 많은 사람들이 연락을 해 왔어요.

"제가 시장에서 장사를 하는데요, 생선이 팔기에는 좀 그렇지만 먹는 데는 아무런 문제가 없는 게 좀 있거든요. 그런 걸 시주(자비심으로 조건 없이 절이나 승려에게 물건을 베풀어 주는 일. 또는 그런 일을 하는 사람)해도 될까요?"

"저희는 배추농사를 짓고 있어요. 밭에 남은 채소들이 조금 있는데 그것도 받아주시나요?"

법정스님은 스스럼없이 자신의 것을 나누어 주는 사람들에게 감사했어요.

"한쪽은 탐욕스러운 사람들이 세상에 상처를 내지만, 넉넉잖은 살림에도 어려운 이웃에게 따뜻한 마음을 여는 은혜로운 손길도 있어. 이러한 이웃 덕분에 이 땅에 밝은 해가 오늘도 뜨는 것이겠지."

법정스님은 나눔은 누군가에게 계속 관심을 갖는 것이라고 했어요. 다른 사람에게 관심이 없다면 나눔은 생각하지도 못할 거예요. 하지만 누군가의 마음을 이해하고 관심을 갖는다면 아무리 작은 것이라도 함께 나누고 기뻐할 수 있지요. 법정스님은 그런 맑은 마음을 가진 사람들 덕분에 힘이 났어요.

〈맑고 향기롭게〉는 불교 신자는 물론 불교신자가 아니어도 누구나 함께 할 수 있어요. 대신 봉사활동을 홍보해 주거나 기업 또는 나라에서 도와주는 것은 모두 거절했어요. 그러자 보다 못한 회원이 말했어요.

"스님, 제가 다른 봉사단체에서 해 봐서 알아요. 이런 일은 홍보 한 번만 해도 금방 해결돼요."

"맞아요. 스님 이름만 대면 전국에서 사람들이 몰려올 거예요. 이렇게 쉬운 일을 왜 어렵게 하시려 합니까?"

그럴 때면 법정스님은 딱 잘라 말했어요.

"처음부터 남의 도움으로 시작하면 나중에는 도움 없이 아무 일도 못합니다. 우리는 홀로 서기 연습을 해야 해요. 어렵더라도 어느 정도 자리가 잡힐 때까지 우리 회원의 회비로 운영해야 합니다."

법정스님의 고집에 결국 회원들도 두 손 두 발 다 들고 말았어요.

한번은 지방에서 행사가 있었어요. 행사를 마치고 그 지역의 책임자가 법정스님을 좋은 식당으로 모시려고 했지요. 그런데 법정스님이 보이지 않았어요.

"스님은 어디 계십니까?"

그러자 〈맑고 향기롭게〉 회원이 멋쩍은 듯이 웃으며 말했어요.

"벌써 강원도 오두막으로 출발하셨지요."

그러자 책임자가 화들짝 놀랐어요.

"아니, 이 늦은 시간에요? 스님이랑 여러분들 머무르실 호텔방을 예약해 두었는데요. 그뿐인 줄 아십니까. 내일 아침에는 관광도 하시고 편히 쉬다 가시라고 일정표도 다 짜 놓았어요."

하지만 회원들은 슬금슬금 자리를 떴어요.

"스님이 가셨으니 저는 이만."

"저도 가보겠습니다."

하룻밤만 묵고 가라고 책임자가 회원들을 잡았지만 다들 그 손을 뿌리쳤어요. 행사가 끝나면 민폐 끼치지 말고 헤어지라는 법정스님의 뜻을 어겼다가는 무슨 날벼락을 맞을지 모르기 때문이지요. 법정스님은 모임이나 행사도 간소하게 했어요. 스님을 마중 나  오거나 배웅하는 것도 부담스러워했어요. 그것도 모르고 법정스님이 오신다고 행사를 크게 준비한 단체는 낭패를 보기도 했지요.

길상사와 화중연생

법정

　예전부터 끊임없이 법정스님을 찾는 사람이 있었어요. 법정스님이 깊은 산골에서 아무에게도 알리지 않고 지낼 때도 말이에요. 바로 대원각 주인인 김영한 할머니였어요. 대원각은 옛날에 술을 팔던 요정(고급 요릿집)이었어요. 그런데 그곳의 주인이 어느 날부터 스님을 찾아왔어요.

　"법정스님, 저는 스님이 쓰신 책《무소유》를 정말 감명 깊게 읽었습니다. 그리고 무소유를 실천하는 스님께 깊은 감동을 받았지요. 비록 예전에는 술을 팔던 곳이지만, 대원각을 스님께 시주하고 싶습니다. 부디 받아주시고 수행도량(부처의 가르침을 실천하고 불도를 닦는 곳)으로 만들어 주세요."

대원각은 약 2만 3000제곱미터나 되고 건물도 수십 채나 되는 곳이에요. 그렇게 넓은 곳을 시주하겠다고 했지만 법정스님은 단칼에 거절했어요.

"저는 주지 노릇을 해본 적도 없고 앞으로 할 생각도 없습니다. 마음은 고맙지만 제가 받을 만한 것이 아닙니다."

하지만 대원각의 주인은 물러서지 않았어요. 계속해서 법정스님을 찾고 대원각을 받아달라고 했어요. 무려 10년 가까이 대원각 주인은 자신의 뜻을 법정스님에게 전했지요.

"스님, 제가 대원각을 시주하겠다고 하니 여러 스님이 다녀가셨습니다. 다들 제 시주를 받겠다고 말이지요. 물론 그 스님들도 절을 세우면 잘 이끌어 가실 거예요. 하지만 저는 다 거절했습니다. 제 뜻은 따로 있으니까 말이죠. 그러다 보니 법정스님만 스님이냐며 원망도 들었습니다."

법정스님은 대원각의 주인이 하는 말을 가만히 듣고만 있었어요.

"스님, 제가 스님을 찾은 이유는 무소유 정신을 이어갈 절 하나 남기고 싶은 소망 때문입니다. 앞으로 스님께서 무소유 정신을 실현하고, 스님이 가신 후에도 〈맑고 향기롭게〉 그 정신을 계속 이어가려면 뿌리를 내릴 만한 곳이 있어야 하지 않겠습니까?"

이번에는 법정스님도 대원각 주인의 뜻을 꺾을 수 없었어요.

"보살님, 이것도 긴 시절의 인연인가 봅니다. 네. 보살님의 뜻을 받겠습니다."

그렇게 법정스님은 대원각을 시주받아 〈길상사〉라는 절을 세웠어요. '길상'은 좋은 일이 있을 조짐이라는 뜻이에요.

대원각이 절이 된다는 소식에 많은 사람들이 깜짝 놀랐어요. 손에 꼽힐 정도로 유명했던 요정이 부처님을 모시고 스님들이 수행하는 절이 된다니까요. 그리고 어마어마한 재산을 시주한 대원각의 주인도 사람들의 관심을 끌었지요. 하지만 대원각의 주인은 오히려 부끄러워했어요.

"저는 배운 것도 없고 죄도 많아요. 불교에 대해서는 더더욱 아무것도 모르지요. 다만 귀한 인연으로 부처님을 모시게 되어 기쁩니다. 없는 것을 만들어서 드려야 하는데 있는 것을 내놓았으니 이렇다 할 의미가 없습니다."

겸손한 대원각 주인의 말에 많은 사람들이 다시 한 번 감동을 받았어요.

1997년 12월, 길상사가 개원하는 날이었어요. 초겨울 햇살을 받은 길상사는 여느 때보다 따스하고 환했어요. 길상사는 물론 길상사를 올라오는 길도 사람들로 북적였지요.

법정스님은 개원 법회에서 이렇게 말했어요.

"길상사는 가난하고 맑은 절이 되었으면 좋겠습니다. 우리에게 주어진 가난은 이겨내야 하지요. 그러나 선택된 맑은 가난은 삶의 미덕입니다. 풍요로움 속에서 사람들은 병들기 쉽습니다. 하지만 맑은 가난은 마음에 평화를 주고 올바른 정신을 갖게 합니다."

사람들은 법정스님의 말을 하나하나 가슴에 새겨들었어요.

"부디 길상사가 불교 신자뿐 아니라 누구나 드나들면서 마음의 평안과 삶의 지혜를 나누는 곳이었으면 합니다."

법정스님은 길상사가 누구의 소유가 되는 것도 원하지 않았어요. 법정스님이 시주를 받았다고 해서 주지스님 자리를 맡은 것도 아니었지요. 다른 스님에게 주지스님 자리를 맡기고 오두막으로 돌아가려 했지만, 사람들에 떠밀려 어쩔 수 없이 회주(법회를 주관하는 법사) 자리만 맡았어요.

개원 법회를 마치자 주지스님은 법정스님에게 말했어요.

"스님, 오늘 힘드셨지요. 나중에 법회에 오시면 쉬고 가실 수 있도록 스님 방을 마련하겠습니다."

그러자 법정스님은 정색을 하고 말했어요.

"길상사는 개인의 절이 아닙니다. 그러니 제 방도 필요 없습니다. 앞으로 제가 죽기 전에는 길상사에 머무는 일은 없을 거예요. 사실 회주라는 자리도 부담스럽습니다."

법정스님은 그렇게 말하고 서둘러 강원도 오두막으로 향했어요.

길상사 개원 법회에서 유독 눈에 띄는 분이 있었어요.

"어머, 저 분! 신부님 아니야?"

"그러게. 김수환 추기경이시네. 절에 신부님이 오시다니!"

사람들은 법정 스님 옆에 앉은 김수환 추기경을 보고도 믿기지 않았어요. 더군다나 길상사 개원 법회가 있던 날은 마침 주

일 미사가 있는 날이었거든요. 법정스님은 김수환 추기경을 반갑게 맞이했어요.

"오셨군요. 고맙습니다."

"우리 신부님과 수녀님들도 법정스님을 참 좋아하고 존경합니다. 그런 분이 초대해 주셨는데 안 올 수 있나요."

법정스님과 김수환 추기경의 인연은 오래 되었어요. 1984년은 우리나라에 천주교가 들어온 지 200주년이 되던 해였어요. 김수환 추기경은 명동성당으로 법정스님을 초청했어요. 법정스님은 천주교 신자들 앞에 섰어요.

"저 같이 미약한 사람을 이 제단에 세워주신 천주님 은혜에 깊이 머리 숙여 감사드립니다."

법정스님이 입을 떼자 성당 안에 있는 사람들은 환호성과 박수를 보냈어요. 명동성당에 다른 종교인이 와서 설법을 한 것은 처음이었어요. 이 인연으로 김수환 추기경이 길상사에 온 것이에요. 김수환 추기경도 자리만 빛낸 것이 아니라 축하의 말도 전했어요.

"아름다운 사찰이 도심 한가운데 들어선 것을 진심으로 축하

합니다. 길상사가 맑음과 평안의 향기가 솟아나는 샘터로 모든 이에게 영혼의 쉼터가 되기를 기원합니다."

법정스님은 모든 종교가 다 중요하다고 생각했어요. 그리고 다른 종교인과 만나 이야기하면서 종교의 의미를 찾았지요. 김수환 추기경도 법정스님과 뜻을 같이해 서로의 종교를 존중해 주었어요.

어느 날인가 한 청년이 법정스님을 찾아왔어요.

"스님, 저는 스님의 책에서 정말 많은 감동을 받았어요. 저는 천주교 신자지만 불교로 개종(믿던 종교를 바꾸어 다른 종교를 믿음)하고 싶습니다."

그러자 법정스님은 웃으며 말했어요.

"젊은이. 젊은이는 김치찌개를 좋아해요, 된장찌개를 좋아해요?"

"네?"

종교 이야기를 하는데 법정스님이 갑자기 찌개 이야기를 꺼내 청년은 어리둥절했어요. 법정스님은 웃으며 말했어요.

"김치찌개를 좋아하는 사람도 있고 된장찌개를 좋아하는 사람도 있어요. 그것처럼 천주님의 사랑을 따르는 사람도 있고 부처님의 자비를 따르는 사람도 있지요. 그런데 사랑이든 자비든 모두 한 보따리 안에 있는 것이랍니다. 그러니 종교를 바꿀 필요는 없습니다. 그 대신 종교를 갖지 않은 사람보다는 더 잘 살아야 합니다."

 법정스님은 사람을 갈라놓는 종교는 좋은 종교가 아니라고 생각했어요. 모든 종교는 다 하나의 마음에서 시작된다고 생각했지요. 길상사에는 이러한 법정스님의 마음을 알 수 있는 조각상이 있어요. 바로 관세음보살상이에요.

 법정스님은 길상사를 개원하면서 마당에 어떤 관세음보살상을 모실지 고민했어요.

"어떤 분에게 맡기면 길상사에 어울리는 관세음보살상을 조각해주실까."

고민하던 법정스님은 최종태 조각가를 떠올렸어요. 예전부터 관음상을 조각하고 싶어 한다는 이야기를 들었거든요.

법정스님은 조각가를 찾아갔어요. 조각가는 법정스님을 보고 깜짝 놀랐어요.

"아니, 스님. 어떻게 직접 오셨습니다. 연락 주시면 제가 갈 텐데요."

"당연히 부탁하려는 사람이 와야지요. 괜찮으시다면 길상사에 모실 관세음보살상을 조각해 주시겠습니까?"

법정스님의 말을 듣고 조각가는 매우 반가워했어요.

"스님, 그렇지 않아도 관세음보살상 작업을 꼭 한 번 하고 싶었습니다. 기회를 주셔서 감사합니다."

"오히려 제 뜻을 알아주셔서 고맙습니다."

그런데 조각가는 잠시 머뭇거리더니 말했어요.

"스님, 저…… 아실지 모르겠는데 저는 불교 신자가 아닙니다. 천주교 신자입니다."

사실 불교 신자 중에도 관세음보살 조각상을 가톨릭 신자에게 맡기는 것을 마뜩지 않게 여기는 사람이 많았어요.

"가톨릭 신자에게 불상 조각을 맡기다니요. 말이 안 됩니다."

"맞아요. 성모마리아 상을 조각하던 사람이 어떻게 관세음보살상을 만들겠어요?"

그러자 법정스님은 불교 신자와 조각가에게 말했어요.

"부처님을 따라한다고 해서 부처가 될 수 있는 것은 아닙니다. 부처님의 자비를 실천해야 부처가 될 수 있지요. 마찬가지로 관세음보살 조각상이 중요한 것이 아니에요. 중요한 것은 자비와 사랑을 실천하는 것입니다."

그제야 사람들은 법정스님의 뜻을 알 수 있었어요.

한편 조각가는 김수환 추기경에게도 연락을 했어요.

"신부님, 제가 이번에 관세음보살상 조각을 하게 되었습니다. 꼭 하고 싶었던 작업이라 거절하지 않았어요. 그런데 불교에 관한 작업을 했다고 혹시 파문(신도로서의 자격을 빼앗고 내쫓는 일)을 당하지나 않을까요?"

그러자 김수환 추기경은 웃으며 말했어요.

"허허, 400년 전 일본 나가사키에서는 천주교 신자들이 관세음보살상을 놓고 기도했다고 합니다. 작가님이 관세음보살상을 조각했다고 파문당할 일은 없으니 마음 놓고 작업하세요."

드디어 조각가는 마음 편하게 그토록 바라던 관세음보살상을 조각할 수 있게 되었어요. 그리고 길상사에는 여느 절에서는 볼 수 없는 길상사만의 아름다운 관세음보살상이 서 있게 되었지요.

그리고 성탄절을 앞둔 12월의 어느 날, 길상사에는 특별한 현수막이 걸렸어요.

"저기 좀 봐. 저기 절 아니야? 왜 저런 현수막을 걸었지?"

길상사 앞을 지나던 사람들은 현수막을 보고 발길을 멈추었어요.

아기 예수 탄생을 축하합니다!

"어머. 절에서 성탄절을 축하하다니."
"허허, 어떻게 저런 생각을 했다지?"

당시에는 종교와 종교 사이에 왕래가 거의 없었어요. 심지어 다른 종교를 깎아내리는 사람들도 있었지요.

하지만 법정스님은 모든 종교를 존중하는 마음으로 성탄절을 축하하는 현수막을 내걸었어요.

그러자 그 보답으로 주위의 성당과 교회에서는 부처님 오신 날에 꽃을 보냈어요. 그리고 김수환 추기경도 부처님 오신 날에 길상사를 찾았지요.

"어머, 신부님이 또 오셨네."

"우와, 수녀님까지 함께 오셨네. 반갑습니다."

불교 신자들은 자리에서 일어나 김수환 추기경과 함께 온 수녀님들께 박수를 보냈어요.

법정스님은 길상사의 회주를 맡았어도 일부러 오두막에서 내려오는 일이 없었어요. 정해진 법회가 있을 때만 가끔 오두막에서 내려왔어요. 그런데 2002년 여름, 법정스님은 급하게 송추 계곡을 찾았어요. 뜨거운 여름 햇볕이 내리쬐는데도 많은 사람들이 모여 있었어요. '북한산 내부 순환도로 터널공사'

를 반대하는 환경단체 회원들과 스님들이었어요. 만약 터널 공사를 하면 북한산 국립공원과 주변 환경이 훼손될 것이 뻔했어요. 그래서 환경단체와 스님들이 온몸으로 공사를 막고 있었지요.

터널 공사가 시작될 산중턱은 플래카드와 철조망 등으로 어지럽혀 있었어요. 그 모습을 보니 법정스님의 마음도 어지러웠어요.

"자연은 한 번 파괴되면 다시 되찾을 수 없습니다. 그러면 우리 후손들에게 너무 미안한 일이지요. 우리에게는 조상 대대로 물려받은 자연을 파괴할 권리가 없습니다."

법정스님은 환경단체와 함께 터널 대신 외곽을 도는 우회노선을 건설하자고 주장했어요.

"긴 거리를 짧은 시간에 갈 수 있다는 것이 당장은 편하겠지요. 하지만 앞날을 생각하면 그렇지 않습니다. 오히려 시간이 더 걸리더라도 돌아가는 길이 자연이나 사람에게 도움이 됩니다. 도로는 사람을 위한 도로가 되어야 합니다. 도로를 위한 사람이 돼서는 안 됩니다."

법정스님을 비롯해 많은 스님과 환경단체가 터널 공사에 맞섰어요. 그리고 긴 싸움 끝에 결국 터널은 생태환경에 최대한 피해가 가지 않는 방식으로 공사하기로 결정됐어요.

　법정스님은 맨발로 흙 밟기를 좋아했어요. 채소밭을 맬 때 발바닥과 발가락 사이를 간질이는 감촉을 아주 좋아했지요.
　"마치 땅의 기운이 내 몸까지 스며드는 것 같군. 역시 사람은 땅을 밟아야 해. 흙이 생명의 바탕이야."
　법정스님은 몸이 흙에서 멀어지면 병원과 가까워진다는 말을 생각했어요. 그리고 흙이, 땅이 더러워지면 사람도 병이 들 거라고 생각했지요. 그래서 자연을 훼손하는 일이 벌어지려 하면 참지 않았어요.
　"우리가 사는 땅은 사람만 사는 곳이 아닙니다. 동물과 식물, 수많은 생명이 어울려 사는 곳입니다. 그런 땅을 함부로 개발하며 파헤치는 것은 생태계의 조화를 망가뜨리는 것이에요."

그리고 법회 때마다 자연이 얼마나 소중한지 강조했어요.

"대지는 어머니입니다. 지구에 상처를 입힌 것은 우리 자신에게 상처를 입힌 것입니다. 우리 자신이 어머니인 대지를 병들게 했는데 어떻게 우리가 건강할 수 있겠습니까. 자연은 우리 조상이 물려준 유산입니다. 그러니 다음 세대에 그대로 물려주어야겠지요. 욕심을 부려 모든 것을 가져가면 내가 가진 것까지 모두 잃게 됩니다. 지구로부터 받은 것을 소중히 여기는 것이 지구 환경을 위한 것입니다."

법정스님은 세상과 떨어지기 위해 강원도 오두막에서 살았어요. 하지만 아파하고 힘들어하는 목소리에는 늘 귀를 열어 두었어요. 그리고 맑고 향기로운 세상을 만드는 일이라면 언제든 산 밑으로 내려왔어요.

길상사를 찾은 나이 지긋한 할머니가 법당 앞에서 이상한 듯 고개를 갸웃거렸어요. 마침 법당 앞을 지나가는 스님을 보고

다가가 합장을 한 뒤 물었어요.

"저, 스님. 오늘 법정스님께서는 안 오십니까? 늘 짝수 달에 오셨는데."

"네, 보살님. 법정스님은 이제 봄과 가을, 그렇게 일 년에 두 번만 오십니다."

스님 말에 할머니는 깜짝 놀랐어요.

"아니, 왜요? 두 달에 한 번 뵙는 것도 아쉬운데. 무슨 일이 있으신가……."

할머니는 법정스님이 걱정되었어요.

〈맑고 향기롭게〉가 10주년 되던 해 법정스님은 〈맑고 향기롭게〉 회주는 물론 길상사의 회주 자리에서도 물러났어요. 〈맑고 향기롭게〉 회원들은 큰 충격을 받았어요. 전혀 생각도 못하고 있었기 때문이에요.

"스님, 갑자기 이러시면 어쩌십니까?"

"그러면 내가 언제까지나 계속할 줄 알았습니까."

법정스님은 어렵게 말을 이었어요.

"그동안 말을 너무 많이 한 것 같습니다. 길상사에서 하던 법회도 일 년에 두 번만 하겠습니다. 사실…… 내 건강에 문제가 있습니다."

법정스님의 말에 회원들은 마음이 무거워졌어요.

법정스님은 천식을 앓고 있었어요. 그런데 그 즈음 기침이 너무 심해졌어요.

"쿨럭쿨럭."

이른 새벽, 법정스님은 자신의 기침 소리에 눈을 뜨기도 했어요.

"기침이 멈추지를 않네, 쿨럭쿨럭."

잠에서 깰 정도로 고통스러웠지만 법정스님은 오히려 기침이 고마웠어요.

"기침 덕분에 한밤중에 일어나 기도도 하고 명상도 하는구나. 앞으로 살아갈 날이 많지 않으니 깨어 있으라고 일부러 깨워주는 것 같군. 기침아, 고맙다."

법정스님은 아픈 것도 힘들어하지 않고 늘 긍정적으로 생각했어요.

하지만 몸이 예전과 같지 않았어요. 천식이 심해졌다고만 생각했는데, 병원에 간 스님은 뜻밖의 이야기를 들었어요.

"스님, 폐암입니다. 기침을 꽤 많이 하셨을 텐데요."

의사는 심각하게 말했어요.

"허허, 그렇습니까. 병도 나를 찾아온 손님이니 제가 잘 알아서 토닥이며 살겠습니다."

"스님. 수술을 하셔야 합니다."

의사는 입원해서 치료를 받아야 한다고 했지만 법정스님은 거절했어요.

"살 만큼 살았으면 고장 나는 게 당연하지요. 자연스러운 일입니다."

법정스님은 담담하게 말했어요.

그러나 법정스님을 따르는 사람들과 친지들의 생각은 달랐어요. 어떻게든 치료를 하고 병을 고쳐보자고 했지요. 법정스님은 그들의 뜻을 이기지 못하고 미국으로 건너갔어요. 그러나 미국의 권위 있는 의사들도 법정스님의 상태를 보고는 고개를 저었어요.

"안타깝지만 쉽지 않을 것 같아요. 치료를 해도 성공률이 아주 낮아요. 거의 불가능합니다."

하지만 법정스님을 생각하는 사람들은 의사에게 부탁했어요.

"이 분은 수행자입니다. 일반인들하고 달라요. 치료를 해 주세요."

의사들은 별다른 기대 없이 일단 치료를 시작했어요. 그런데 놀랄 정도로 법정스님의 상태가 좋아졌어요.

"나는 고장 난 자동차였어요. 잠깐 정비소에 다녀온 거죠."

한국으로 돌아온 법정스님은 걱정하는 사람들을 위로하는 농담을 하기도 했어요.

하지만 얼마 지나지 않아 법정스님의 건강은 다시 나빠졌어요. 따뜻한 제주도에 있으면 나을까 싶었지만 병이 예전보다 더 깊어졌어요. 결국 법정스님은 서울의 한 병원에 입원을 했어요.

고통 속에서도 법정스님은 여유를 잃지 않았어요.

"스님, 오늘은 좀 어떠세요? 많이 아프세요?"

의사가 물으면 법정스님은 힘없이 대답했어요.

"아프니까 병원에 누워 있지요."

"아, 네……."

의사가 병실에서 나가자 간병인이 법정스님에게 물었어요.

"스님, 지금 오셨던 분이 누구인지 아시겠어요?"

"지금? 아, 염라대왕이요."

"아이고, 스님."

걱정이 되어 병문안을 온 손님을 대할 때도 유머를 잃지 않았지요.

"스님, 괜찮으세요?"

"바쁜데 뭘 오셨어요. 그나저나 날짜는 잡혔나요?"

법정스님의 말에 손님들은 깜짝 놀랐어요.

"날짜라니요, 무슨 날짜요?"

그러자 법정스님은 제법 진지하게 말했어요.

"내 장례식 날짜요. 허허."

"스님……."

죽음을 앞두고도 법정스님은 사람들이 걱정하는 것을 더 걱정했어요.

"죽는 것도 사는 것의 일부입니다. 살아 있는 것은 다 때가 되면 생을 마감하지요. 당연한 거예요. 만약 죽음이 없다면 삶도 의미 없을 거예요. 그러니 너무 요란 떨지 마세요. 그것보다 강원도 오두막에 가고 싶네요."

법정스님은 자신이 가꾸고 수행한 오두막을 몹시 그리워했어요. 그리고 산과 강에 핀 봄꽃들도 보고 싶었지요. 문득 법정스님은 어느 해인가 섬진강에서 본 매화가 생각났어요. 어찌나 흐드러지게 피었는지 꽃 때문에 멀미가 날 지경이었지요. 법정스님은 모든 욕심은 다 내려놓아도 아름다움에 대한 욕심을 내려놓기 힘들다고 했어요. 참기 힘든 고통 속에서도 법정스님은 강원도 오두막과 봄꽃을 생각했어요.

"매화꽃도 보러 가야 하는데……."

법정스님은 일찍부터 죽음에 대한 생각을 갖고 있었어요. 죽음이 늘 우리 곁에 있다고 생각했지요.

"죽음이 언제 어디서든 우리를 부르면 '네' 하고 기쁘게 맞이할 수 있도록 해야 한다. 죽음은 삶의 끝이 아니라 다음 삶의 시작이다."

법정스님은 세상을 떠날 때 이웃에 폐를 끼치고 싶지 않았어요. 스님이 입적(승려가 죽음)하면 화려한 장례식과 함께 다비식(시체를 화장하여 그 유골을 거두는 의식)을 하는 절차가 있어요. 하지만 법정스님은 다비식을 별로 좋아하지 않았어요.

"큰스님 가운데는 남은 사람에게 신세지지 않으려고 돌을 안고 물에 뛰어든 분도 있습니다. 저도 사람이 없는 곳에서 죽음을 맞이하고 싶습니다. 그저 내가 살다가 숨이 멎으면 아무도 없는 곳에서 내 몸을 조용하게 없애주었으면 좋겠습니다. 내 오두막에서 흔적 없이 죽는 것, 그것이 내 바람입니다."

또한 법정스님은 사람들이 사리(석가모니나 성자의 유골로 화장한 뒤에 나오는 구슬 모양의 것)를 떠받드는 것도 못마땅하게 생각했어요.

"사리는 산스크리트어로 '타고 남은 유골'이에요. 그냥 유골일 뿐 대단한 것이 아닙니다. 죽어서 사리를 많이 남기면 큰스님이고 사리가 없으면 큰스님이 아닌 것도 아니에요. 사리는 망치로 때리면 깨집니다. 진짜 사리는 그 분의 가르침이에요."

조금씩 봄기운이 피어오르던 날, 법정스님은 제자들을 불러 당부했어요.

"내 몸뚱이 하나 처리하겠다고 소중한 나무를 베지 마라. 강원도 오두막 앞에 내가 늘 좌선하던 커다란 바위가 있으니 남아 있는 땔감을 가져다 그 위에 놓고 화장을 해라. 수의는 절대 만들지 말고 내가 입던 옷을 그냥 입혀서 태우면 된다. 그리고 어떤 거창한 의식도 하지 말고 세상에 떠들썩하게 알리지 마라. 사리를 찾으려고 하지 말며, 탑도 세우지 마라."

그러고는 법정스님은 직접 쓴 유서를 남겼어요.

> 모든 분들에게 깊이 감사드립니다. 내 것이라고 하는 것이 남아 있다면 모두 맑고 향기로운 사회를 구현하는 활동에 사용해 주세요. 이제 시간과 공간을 버려야겠습니다. 번거로운 장례 의식은 하지 말고 관과 수의를 마련하지 마세요. 평소 승복을 입은 상태로 다비하고 사리를 찾지 말고 탑도 비도 세우지 마세요.

이튿날, 법정스님은 길상사로 가겠다고 했어요. 길상사에 도착한 법정스님은 늘 차를 마시던 방에서 조용히 눈을 감았지요. 법정스님은 길상사에서 단 하루도 지낸 적이 없었어요. 법회를 마치면 바로 강원도 오두막으로 돌아갔던 터라 입적한 후에야 처음이자 마지막으로 길상사에서 하룻밤을 쉴 수 있었지요. 그리고 법정스님은 아무것도 남기지 않았어요. 그나마 남긴 책 몇 권은 자신에게 신문을 배달하던 사람에게 전해 달라고 했어요.

사람들은 법정스님의 뜻에 따라 장례 의식을 하지 않고 송광사에서 다비식을 진행했어요. 송광사로 가는 길은 전국 각지에서 모인 추모객으로 꽉 찼어요. 다비식을 하는 곳에도 법정스님의 마지막 모습을 보려는 많은 사람들이 일찌감치 모였지요.

법정스님은 평상시 침상으로 사용하던 대나무 평상에 가사를 덮은 상태로 모셔졌어요.

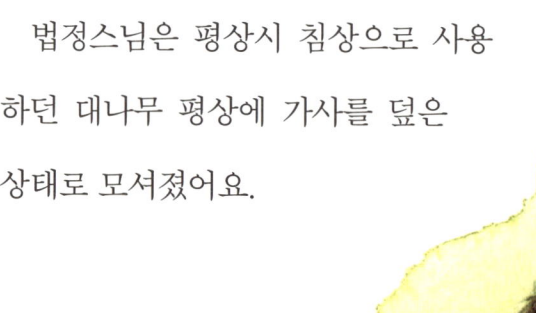

연꽃으로 장식한 관도 없고 행장도 없었지만 결코 초라한 행렬은 아니었어요. 전국에서 모인 추모객들이 법구(불교 일에 쓰이는 물건)를 따라 장사진을 이루며 꽃이 되었어요.

법정스님은 그대로 장적더미 위에 모셔지고 다시 참나무 장작으로 덮였지요.

"스님, 불 들어갑니다. 어서 나오십시오."

이윽고 스님 아홉 분이 장작에 불을 붙이자 장작은 활활 타올랐어요. 그러자 스님들은 물론 신자들도 눈물을 흘렸어요.

"스님, 나오세요. 스님!"

"빨리 나오세요! 뜨겁습니다, 스님!"

사람들의 외침에도 아랑곳하지 않고 장작은 시뻘건 불길과 함께 하얀 연기를 내뿜었어요. 그리고 '탁, 탁' 하며 장작이 갈라지는 소리가 들렸지요. 불꽃이 연꽃 모양으로 타올랐어요.

"화중연생!"

다비장에 있는 스님과 추모객들은 모두 화중연생을 외쳤어요. 스님의 가르침이 불길 속에서도 연꽃처럼 다시 피어날 것이라는 뜻이지요. 그렇게 거센 불길과 함께 추모객의 염불 소리는 송광사에 길게 메아리쳤어요.

다비의 불길은 꼬박 하루를 탔어요. 법정스님의 말씀대로 사리를 찾지 않고 남은 재는 불일암의 후박나무 아래에 모셨어요. 늘 자연을 사랑한 법정스님은 그렇게 아무것도 소유하지 않은 채 자연으로 돌아갔어요.

전라남도 순천에 있는 송광사에 가면 무소유길이 있어요. 깊은 대나무숲길인 이 길을 따라 올라가면 불일암에 다다르지요. 아마 법정스님은 키가 훌쩍 커버린 후박나무와 함께 너른 세상을 보고 계실 거예요. 그리고 맑고 향기로운 우리들에게 모두 행복하게 살 수 있는 무소유와 나눔의 마음을 전하고 계실 거예요.